Gebrauchsanweisung
für Südtirol

Tirolischer Reiter, verwurzelt

Reinhold Messner

Gebrauchsanweisung für Südtirol

Mit 17 Federzeichnungen von Paul Flora

Piper München Zürich

Autor und Verlag danken Paul Flora für die freundliche
Genehmigung zum Abdruck seiner Zeichnungen, die sich
im Privatbesitz von Sabine Stehle befinden.

ISBN-13: 978-3-492-27551-4
ISBN-10: 3-492-27551-6
Karte: cartomedia, Karlsruhe
© Piper Verlag GmbH, München 2006
Gesamtherstellung: Clausen & Bosse, Leck
Printed in Germany

www.piper.de

Inhalt

I

Abenteurer

»Ich frage mich, wie viele Horizonte das Land hat, den von oben gesehenen, den aus Tälern gesehenen und den innen im Stein. Ich frage mich: wie viele ungesehene Horizonte, und welcher Teil den Teil überwiegt, der offenliegt; und um wieviel in diesem offenen Teil der abseits unbekannte, kaum je von einem Blick betretene, den überwiegt, mit dem wir uns begnügen müssen und uns zurechtfinden: hier die Straße, Richtung, Einteilung des Landes auf seinem uns zugänglichen, unvollständigen Teil.«

Franz Tumler

Mitten in Europa

Wer von Berlin, Warschau oder Zakopane nach Rom fahren will – im Zug, mit dem Auto oder auf dem Fahrrad –, kommt um Südtirol schwer herum. Denn Südtirol liegt nicht nur auf dem Weg ins ehemalige Machtzentrum des antiken Europa, es liegt auch im Gebirge, im vielfältigsten Stück der Alpen, genau dort, wo der Süden Europas auf den Norden des Kontinents trifft. Dieses Land ist schon lange nicht mehr das Ende der Welt. Südtirol liegt heute mitten in Europa.

Vor hundert Jahren war das nicht anders, und das Land Tirol war ungeteilt. Damals wagte es der Lehrer Sepp Schluiferer alias Carl Techet, seine Heimat in einem geistreichen Büchlein mit dem Titel »Fern von Europa. Tirol ohne Maske« als weltfremd, undemokratisch und hinterwäldlerisch zu schildern. Er wurde in die Verbannung geschickt. Nur weil er recht hatte.

Heute würde ein solches Buch wahrscheinlich gar nicht erst gedruckt. Weil der Großteil der Druckmaschinen, die inzwischen vom Machtapparat subventioniert werden, jenen gehören, die keinen Wert auf Aufklärung legen. Denn in Südtirol sind Publikationen in erster Linie dazu da, um das Land zu preisen. Weder jene, die im Lande leben, noch all jene – es sind viel mehr, es sind Millionen –, die auf ihrer Urlaubsreise das lokale Bruttosozialprodukt aufbessern, sollen mehr über Land und Leute wissen als unbedingt notwendig. Gegen die Aufklärung haben schließlich schon die Schützen unter Andreas Hofer gekämpft.

Einen objektiven Ratgeber in Sachen Südtirol werden Sie in mir nicht finden, denn wie alle Südtiroler liebe auch ich meine Heimat. Nicht etwa, weil dies meine Pflicht wäre. Zuallererst weil sie so wunderschön ist.

Wenn ich von meinen Reisen nach Tibet, in die Antarktis oder nach Patagonien zurückkomme, empfinde ich dies in besonderem Maße. Denn aus der Ferne sieht man seine Heimat immer »schöner«. Es liegt also allein an mir, wenn meine Erwartungen beim Zurückkommen oft enttäuscht werden. Vielleicht hat mich nur diese Sehnsucht und dann der Schock, wenn das »Ideal« nicht den vorgefundenen Tatsachen entsprach, zu einem kritischen Südtiroler werden lassen. Trotzdem bin ich Südtiroler geblieben. Für mein Selbstwertgefühl allerdings brauche ich kein Vaterland und keine Heimatfahne, keine Nation und keine Revolution, auch keine Nationalhymne. Ich bin nicht stolz, Südtiroler zu sein, höchstens dankbar dafür, in diesem kleinen »Land an der Etsch und im Gebirge« groß geworden zu sein.

Als Südtiroler habe ich kein national geprägtes Selbstverständnis. Mir reicht ein lokales. Also bin ich weder Italiener, noch Österreicher oder Deutscher. Ich bin Südtiroler, als solcher italienischer Staatsbürger, auch Europäer und ein bißchen Weltenbürger. Bin ich doch viel auf diesem Planeten herumgekommen. Vor allem dort, wo die Erde wild geblieben ist: in den Sand- und Eiswüsten, in den großen Gebirgen und auf menschenleeren Hochflächen. Das Überleben war dort oft das einzige Problem.

Leicht hat man mir das Leben auch daheim nicht gemacht. Denn als moderner Nomade war ich rasch zum heimatlosen Gesellen abgestempelt, gar zum Egomanen, zum Nestbeschmutzer auch, weil ich vergessen hatte, die Heimatfahne am Everest zu hissen. Denn die Selbstbestimmung, die wir Südtiroler unentwegt fordern, gilt nur im Kollektiv, nicht für den einzelnen.

Trotz allem aber bin ich Südtiroler geblieben. Auch werde ich immer wieder in dieses Land zwischen Ortler und Dolomiten, zwischen Brenner und Salurn zurückkehren. Ich habe vor hierzubleiben. Nicht nur, weil ich mit meinem Bergmuseum endlich eine Chance erhalten habe, mich auch hier auszudrücken, meine Erfahrungen einzubringen, sondern vor allem, weil ich kein schöneres Fleckchen Erde in Mitteleuropa kenne. Zwischen Weinreben und Gletscherfirn, zwischen Dörfern und Höfen ist es gerade dieses Landschaftsbild, dieses Licht, dieser Menschenschlag, die zu mir gehören. Dieses mir

Eigene, das Lokale, das Unsere sind es, die mir Heimat bedeuten. Ja, ich stehe zu Südtirol, dieser kleinen Provinz, und ich bin überzeugt davon, daß es vor allem das Provinzielle ist – sollten wir es bewahren können –, das uns Südtiroler in einer globalisierten Welt auszeichnet und bestehen läßt.

Vor 5300 Jahren, als sich ein fellbekleideter Mann in den Ötztalern, einen Steinwurf weit vom Alpenhauptkamm entfernt, zum Sterben niederlegte, gab es weder nationale noch regionale Grenzen. Die Menschen lebten als Halbnomaden und zogen, Steinböcke jagend und Beeren sammelnd, mit ihren domestizierten Tieren umher. Im Frühling ging es bergwärts, im Herbst talwärts. An ihren Winterplätzen, wo sie Hirse und Gerste anbauten, bleiben sie nur ein paar Monate lang. Dort, in festen Behausungen, wurden Kraxen, Hausrat, Waffen und Kleider ergänzt, alles, was sie zum Überleben brauchten, wenn sie im Sommer wieder auf die Weideflächen über der Waldgrenze zogen, wo die Tiere stark und widerstandsfähig für die harten Winter wurden. Diese späten Steinzeitmenschen wußten nichts von Vitaminen und Mineralien. Sie teilten sich ihr Territorium, das sie in Tagesmärschen ausmaßen, mit anderen Sippen und gehorchten den Gesetzen der Natur. Ihre Religion entsprach der Menschennatur und dem Lauf der Gestirne.

Wir wissen nicht, wie der Mensch, den wir heute Ötzi oder Similaunmann nennen – für die Amerikaner heißt er *Frozen Fritz* –, in einen Hinterhalt geriet und wo. Ausgekannt allerdings hat er sich gut zwischen den

Fernern und Felsen hoch oben über der Baumgrenze. Er ist wohl ein Stück weit geflohen – nach überstandenem Nahkampf, angeschossen, die Pfeilspitze im Rücken. Ob er an seinen Verletzungen, an Schwäche oder an Unterkühlung gestorben ist, muß vorerst offenbleiben. Jedenfalls hatte er alles bei sich, was ein Halbnomade damals so brauchte: Kupferbeil, Bärenfellmütze, Messer, Pfeile, bestens isolierte Schuhe und einen noch unfertigen Langbogen.

Als man ihn 1991 am Hauslabjoch in Südtirol aus dem Eis pickelte, entschlüsselte sich der Wissenschaft das alpine Leben in der Kupferzeit. Heute ist die Eisleiche weltberühmt. Gewebeproben des ausgetrockneten, spindeldürren Körpers, mit einer Haut wie gegerbt, wurden von Wissenschaftlern rund um den Globus angefordert. Sein Mageninhalt, sein Stuhl, seine Tätowierungen wurden studiert. Diese Mumie ist inzwischen Forschungsobjekt und Ausstellungsstück zugleich, sie wird weiter untersucht, beschrieben und ausgestellt. Ihre Zelle im großzügig gestalteten Archäologischen Museum in der Bozener Altstadt ist ein- und ausbruchsicher, bestens isoliert und offensichtlich anziehender als jeder Reliquienschrein. Denn Ötzis Anblick läßt niemanden kalt. Auch wenn er den meisten Museumsbesuchern einen kalten Schauer ins Herz jagt. Obwohl Temperatur und Luftfeuchtigkeit nur in der Zelle konstant wie im Gletschereis gehalten werden. Das kleine Guckloch, durch das Millionen einen Blick geworfen haben, besteht aus acht Zentimeter dickem Panzerglas. Niemand allerdings fragt sich, ob sich auch Ötzi jodelnd unterhalten hat. Wie die Südtiroler es heute noch tun, wenn sie von Bergkamm zu Bergkamm rufen. Aber das Einsteigen in fremde Behausungen, »Fensterln« genannt, gehörte sicherlich schon damals zum männlichen Vorspiel im Sexualverhalten! Denn es gibt seit altersher sonderbare Verhaltensmuster der Gebirgler. Auch seltene Krankheitsbilder. Wie das »Ausrichten«, die schlechte Nachrede hinterm Rücken des Betroffenen zum Beispiel. Vermutlich waren die Regeln des menschlichen Zusammenlebens vor gut fünftausend Jahren lockerer als jene in einem modernen Südtirol, wo fast alles verboten ist, was Bürokraten der EU in Brüssel und das Heer von Beamten in Rom oder Bozen nicht ausdrücklich erlaubt haben. Ötzi hat seine Tiere noch selbst geschlachtet, das Fleisch zerlegt, gekocht oder gebraten und zuletzt mit den Seinen verspeist. Für den Selbstgebrauch ist diese Vorgehensweise bei uns heute noch erlaubt. Will ich das Öko-Fleisch vom eigenen Hof aber Gästen, die vorbeikommen, vorsetzen, brauche ich neben einer Gasthauslizenz ein Schlachthaus, das mehr kostet, als ein Hof in einer Generation abwirft. Die EU-Regeln erlauben das Schlachten und Vermarkten am Hof ohne besondere Auflagen, Rom duldet es, Bozen aber hat so strikte Regelungen erlassen, daß dem professionellen Metzger mindestens ein Rechtsanwalt und ein Verwalter zur Seite gestellt werden müssen, will er als Öko-Bauer straffrei bleiben. Die Tiere in ein gemeinschaftliches Schlachthaus zu liefern, was Streßhormone im Fleisch zur Folge hat, bedeutet zwar weniger Sorgen, verursacht aber viel mehr Kosten, als das Tier auf dem freien Markt wert ist. Weil die allermeisten Bauern aber Subventionsempfänger sind, dulden sie diese gesetzlichen Regelungen aus der Landeshauptstadt und sind still. Denn die Landesbürokraten drohen ständig mit hohen Geldstrafen.

Nur was der Papst sagt, nimmt kaum jemand ernst. Auch wenn ihn in seiner Weltfreundlichkeit alle beklatschen. Das bringt die Popkultur so mit sich, die inzwischen Berg und Alm, Vatikan und China gleichermaßen erobert hat.

Jedem Land, jedem Sender, jeder Sekte ihre Stars. Wir Südtiroler haben Ötzi. Dabei wissen wir nicht einmal, ob Ötzi ein neolithischer Häuptling, eine Art Clanchef also, ein Schamane oder ein Händler gewesen ist. Nein, wir wissen es nicht wirklich. Vielleicht war er ja auch nur unterwegs, um nach seinen Schafen zu sehen. Er war tätowiert, besaß wohl heilende Fähigkeiten, denn in seinem Medizinbeutel fand man einen bewußtseinsverändernden Pilz. Hexen aber konnte er so wenig wie spätere Generationen von Südtirolern. Auch zaubern nicht. Er kannte sich nur gut aus in seinem Gebirge. Es ist jedenfalls anzunehmen, daß auch er schon das heutige Hoch- oder Niederjoch als Übergang über den Alpenhauptkamm gewählt hat, ehe er irgendwo hoch oben im Gebirge in einen Hinterhalt geriet. Was in den letzten Stunden im Leben des Eismannes dann geschah, bleibt ein unaufgeklärter Mordfall, ein »Steinzeitcrime«, zu dem die Wissenschaft zwar immer neue Indizien, aber keinerlei Beweise liefern kann. Daß es Mord war, ist klar. Die Pfeilspitze in Ötzis

Schulter und Blutspuren von vier Menschen an seinen Kleidern und Waffen sind Beweise genug. Der alte Mann – immerhin 47 – muß sich also mächtig gewehrt haben. Dann ist er wohl geflohen. Dorthin, wo er sich verstecken konnte? Dorthin, wo sich seine Verfolger nicht auskannten? Dorthin, wo er sie abschütteln konnte? Zwischen Hoch- und Niederjoch gibt es nur diesen einen Fluchtweg über den Gletscher, den Übergang, den Ötzi gewählt hat. Kein Problem für einen Steinzeitbergsteiger. Auch vor 5300 Jahren nicht. So vereist, wie es heute ist, würde auch ich mich dort aus dem Staub machen, wenn ich in Bedrängnis geriete. Nein, Ötzi hat sich nicht im Gebirge verlaufen, er hat seine Kenntnisse von den Bergen zur Flucht nach vorne genutzt. Wie wir Südtiroler es heute noch tun.

Hinterhältigen Mord gab es also zu allen Zeiten. »Im Land an der Etsch und im Gebirge« ebenso wie im Zweistromland oder in den zentralasiatischen Steppen. Auch in unseren Bergen ersannen die Menschen folglich Möglichkeiten des Entkommens, der Verteidigung und der Abgrenzung. Berge sind schließlich keineswegs nur als hochgelegene Weide- und Jagdgründe zu gebrauchen. Bereits Jahrtausende vor dem Zeitalter der Nationen und Nationalismen muß es also im hiesigen Gebirge so etwas wie ein Südtiroler Zusammengehörigkeitsgefühl gegeben haben, das später in Freiheitskämpfen, Sonderrechten – über Jahrhunderte hinweg zusammen mit dem Rest von Tirol – und einem selbstbewußten Bauernstand seinen Ausdruck gefunden hat. Kein Wunder, trotz verbreiteter Armut und zeitweise vernachlässigt von den Habsburgern, blieb der Großteil der Südtiroler bis zum Ersten Weltkrieg kaisertreu, bodenständig und konservativ. Dann erst geriet das dreisprachige Land, das zu keiner »Kulturnation« passen wollte, in den Sog nationalstaatlicher und nationalistischer Auseinandersetzungen, deren Folgen bis heute nachklingen. Erst ein wachsendes Europabewußtsein hat Südtirol zur Brücke zwischen Süd und Nord, uns Südtiroler zu einem lebendigen Teil im Gärteig des Europa der Vielfalt werden lassen. Südtirol ist heute zugleich Grenzregion und Kontaktzone zwischen dem deutschen und dem italienischen Kulturraum. Bei inzwischen offenen Grenzen sind wir Südtiroler dabei, uns zu positionieren, unsere Nische, unseren Stellenwert zu finden. Daß dabei immer wieder Abgrenzung und Vereinnahmung, Selbstbehauptung und Fremdbestimmung hochkochen, ist wohl normal in einem Land, das erst seit zwei, drei Generationen eine klare territoriale Eingrenzung kennt.

Obwohl Südtirol im Norden des Brenners Jahr für Jahr zur österreichischen »Herzensangelegenheit« erklärt wird, verstummen die Forderungen nach Wiederherstellung der Landeseinheit im Süden des Brenners mehr und mehr. Nie aber die Bitte um Schutz. Auch wenn die Vision eines »Europa der Regionen« an Strahlkraft verliert, die politische und kulturelle Eigenständigkeit des autonomen Südtirol ist stark genug, um seine Kinderkrankheiten zu überstehen.

Die Autonomie, die alle drei Südtiroler Sprachgruppen schützt, garantiert dem Land heute weitgehende

Selbstverwaltung in Italien und im Rahmen der EU. Ob diese Südtirol-Autonomie allerdings zum Modell für andere Minderheiten wird, hängt zuletzt wohl davon ab, wie weit sich die drei Sprachgruppen mit ihrer gemeinsamen Verwaltung identifizieren können. Selbstbestimmung garantiert nicht nur Rechte, sie ist auch Verpflichtung. Ich gehöre gerne dazu und verteidige wo auch immer unsere Autonomie. Meinen starken Drang zu einem selbstbestimmten Leben allerdings will ich für das Dazugehören nicht opfern müssen. Deshalb werde ich als Südtiroler weiterhin für mehr Südtiroler Selbstverständnis, für mehr Autonomie des einzelnen und vor allem für den Erhalt unserer einmaligen Landschaft streiten.

Ich bin in diesem Land nicht nur deshalb auf Widerstände gestoßen, weil dieses Land von Tälern zerfurcht, von Wildbächen durchflossen und von schroffen Bergen umstanden ist. Es sind immer wieder Monopole – Verwaltungsmonopol, Sammelpartei, Medienmonopol –, die versuchen, sich das Land zur Beute zu machen. Dabei gehört Südtirol uns allen gemeinsam, vor allem jenen, die bereit sind, die Verantwortung für das Morgen zu übernehmen. Denn unser Reichtum ist schnell verspielt, wenn wir im weltweiten Wettbewerb unser Südtiroler-Sein, unsere Landschaft und unsere persönliche Autonomie dem billigen und schnellen Erfolg opfern. Und damit meine ich auch und vor allem die Selbstbestimmung des einzelnen. Ob wir dabei Dichter, Handwerker oder Bergbauern sind, bleibt sekundär.

II

Ein Normaltyroler und ein verwurzelter Tiroler, streitend

»Wer die schwierige Kunst des Zusammenlebens schätzt oder gar erlernen möchte, wisse, daß gemischte Gruppen der beste Weg dazu sind. Sie stellen heute wohl das einfachste und gleichzeitig das wirksamste Gegenmittel gegen den allerorts aufflackernden ethnischen Konflikt und gegen den Rückfall in ethnozentrische Barbarei dar.«

Alexander Langer, Die Mehrheit der Minderheiten

Heimat aus Gottes Hand

Wie vielen anderen ist auch den Südtirolern ihre Heimat heilig. Aber wer sind wir Südtiroler überhaupt, und wessen Heimat ist Südtirol? Gibt es da nicht mehrere Kulturen, viele Minderheiten, mehrere Sprachgruppen in diesem kleinen Land? Ladiner, italienischsprechende, deutsche Südtiroler? Und haben wirklich alle Südtiroler das gleiche Heimatrecht? Natürlich, alle Südtiroler haben ein ganz eigenes Bild von ihrer Stadt, ihrem Land, ob Bauer oder Fabrikarbeiter, Händler oder Hausfrau. Alle haben ihren unmittelbaren Bezug zu ihrer Geschichte, zu ihrem Haus. Wie zu ihren Vorfahren, Nachbarn und Verwaltern auch. Für jede und jeden ist ein anderer Winkel von besonderem Flair. Aber diese Südtiroler sind nicht immer und überall zu jedermann gleich. Zudem neigen deutschsprachige Südtiroler bei all ihrer Liebe zu Ordnung, Disziplin und Geradlinigkeit zur Unberechenbarkeit. Italienisch sprechende Südtiroler sind in ihrer Kreativität oft sprunghaft, aber sofort in der Defensive, wenn es um ihre Rechte geht. Aus dieser Art Unbehagen heraus sind ihre Klagen um mehr Mitsprache zwar nicht gerechtfertigt, dennoch ist da ein ungutes Gefühl. Der Bevölkerungsteil Südtirols, der einen rätoromanischen Dialekt spricht, die Ladiner – die weitaus kleinste Gruppe zwischen grob einem Drittel »Italienern« und zwei Drittel »Deutschen« im Lande –, sind die einzigen, die immer und überall in der Minderheit sind. Außer in ihren Tälern, wo sie Gäste aus aller Welt verwöhnen. Sie sind die einzig wahre Minderheit im Lande.

Benachteiligt aber fühlen sich nur Italiener. Wie kommt es denn dazu? Gehören doch jene Südtiroler mit Italienisch als Muttersprache zur Mehrheit in Italien. Nur weil sich die Deutschsprachigen, die zur größten Sprachgruppe im Rahmen der EU zählen und in Italien eine Minderheit darstellen, als die eigentlichen Landesherren fühlen? Wie es umgekehrt bis 1960 die Italiener im Lande taten. Ja, der Schlüssel zum Verständnis dieser Spannung, der heutigen Südtirol-Problematik also, ist die Tatsache, daß die »Deutschen« die Mehrheit im Lande bilden. Mit ihrer Politik der Sammelpartei – eine Mehrheitspartei, die mehr als drei Viertel der deutschen Stimmen auf sich vereint – wird das Land scheinbar politisch monopolisiert. Ich will dies weder kritisieren noch gutheißen – jedes freie Volk wählt sich das politische System, das es verdient. Es gilt nur darauf hinzuweisen, daß dieser Zustand beim italienischsprechenden

Teil der Bevölkerung zu Unbehagen führen muß. Mindestens so lange, bis endlich die Vielfalt als bereichernder Wert über dem gemeinsamen Ganzen steht. Alle Normierung und Nivellierung für den inneren Ausgleich aber wird zuletzt für alle drei Sprachgruppen nur Verarmung bedeuten. Auch wenn sie kurzfristig dem sozialen und ethnischen Frieden dienen sollten. Ich stelle in diesem Zusammenhang aber die Frage, ob eine so starke Sammelpartei ohne Italiener heute noch gut fürs Land ist.

Über Südtirol gehen schließlich für alle Südtiroler die Globalisierung und alle vier Jahreszeiten hinweg. Wir alle hören dieselben Vögel singen, riechen Mist und Heu, leiden in den Städten an Lärm und Feinstaub. Aber im Wettbewerb der Ideen ist seit Jahrzehnten Stillstand. Einige wenige sehen sich privilegiert. Denn »Mir sein mir«, sagen die alteingesessenen Südtiroler, »Siamo in Italia«, antworten die italienischen Nationalisten, »Südtirol muß deutsch bleiben«, dann die Deutschtümler.

Wie es dazu kommen konnte? Das ist eine lange Geschichte:

Joseph von Sperges gebraucht auf seiner 1762 erschienenen Karte den Ausdruck »südliches Tirol«. Mit »Südtirol«, die Bedeutung ist zunächst nicht klar, meint Beda Weber 1837 den südlich des Alpenhauptkammes gelegenen Teil des Kronlandes Tirol, also mit Einschluß des heutigen Trentino. Im ausgehenden 19. Jahrhundert haben sich dann die Begriffe »Welschtirol« und »Deutschtirol« durchgesetzt.

Die Menschen beider Landesteile waren damals sehr

arm. Dafür galten sie als gesund. Heine meinte, nur weil wir zu dumm wären, um krank sein zu können. Mit der Romantik schon war die Vorstellung vom gesunden Tiroler Alpenvolk entstanden. Im Gegensatz zum Bild vom ungesunden Städter. Damit kam eine Art »Tirolomanie« auf. Man hielt sich »Hoftiroler« in der Stadt. Weil diese Bergler eine »Gabe hatten, durch Witzeinfälle zu unterhalten«. Bereits zur Zeit Maria Theresias hatte es diese »wandernden, sonnenverbrannten Tiroler« in die Städte verschlagen: »Öfters von dem erbländischen Adel in Sold genommen, um melancholische Damen zur Lustigkeit zu stimmen und die Eingeweide hypochondrischer Herren heilsam zu erschüttern«. Nicht selten wurden sie bei Festen und bei Hofe vorgeführt wie sonderbare Käuze. Auch Spielleute, Wanderhändlerinnen und reisende Jodlerinnen gehörten dazu. Sie galten als typisch südtirolerisch. Der »Südtiroler« und die »Südtirolerin« wurden damals sogar als Berufsbezeichnung verwendet.

Das Image des »Tirolers« als Hofnarr und der »Tirolerin« als Jodlerin wurde im 19. Jahrhundert abgelöst durch das zum Teil heute noch gängige Bild vom sturen, vaterlandstreuen, gottesfürchtigen und freiheitsliebenden Tiroler auf der einen und des verschlagenen, krämerischen Welschtirolers auf der anderen Seite. Als paßten beide nicht mehr zusammen. Männer und Frauen aus armen Verhältnissen, die sich dem fahrenden Volk anschlossen und versuchten, auf Jahrmärkten ihre Kramwaren an die Frau und den Mann zu bringen, galten jetzt als typische »Südtiroler«. Es waren Trentiner.

Mit dem Ersten Weltkrieg und dem Faschismus ist dann jenes Mißtrauen zwischen Welsch- und Südtirolern entstanden, das von Außenstehenden kaum nachempfunden werden kann. Es hat zuletzt zu zwei autonomen Provinzen in der autonomen Region Trentino-Südtirol geführt. Nein, nicht etwa weil die Menschen in Südtirol seltsam unwirklich an den Berghängen oder in tiefen Tälern leben und einen oft unverständlichen Dialekt, ihre Sprache, sprechen, brauchen sie einen besonderen Schutz. Wir sind eigen, stellen uns aber nie in Frage. Umgekehrt: wer nicht dazugehört zur Mehrheit vor Ort, wer sogar die Minderheiten in Schutz nimmt oder ein Unbehagen beim Namen nennt, ist schnell ausgegrenzt, wird als Fremdkörper allenfalls geduldet. Unsere Autonomie ist also ein Glück und bedeutet doch gleichzeitig ein Dilemma.

Müssen wir uns denn alle verbiegen, frage ich mich, um jene Sonderrechte in Anspruch zu nehmen, die so mühsam erkämpft worden sind? Warum sonst beengen uns so viele Gesetze, Regelungen, Bestimmungen? Die Autonomie, die die Menschen im Land einen und nicht trennen sollte, setzt also viel mehr voraus als Durchführungsbestimmungen und Proporz.

Als Gast müssen Sie sich all diese Gedanken nicht machen. Sie werden in den allermeisten Orten bestens bedient. Nicken Sie verständnisvoll, wenn Sie den »Tölderer« Dialekt oder die Bedienung aus Tschechien nicht verstehen, man will Sie nur verwöhnen. Der Gast ist auch in Südtirol König. Solange er / sie nicht frech wird. Denn wir Südtiroler sind immer im Recht. Schließlich haben wir doch unsere Autonomie. Wo Minderheitenschutz – also Heimatrecht und Wohlstand aller – garantiert ist, müßten doch auch Solidarität und das Miteinander wachsen, denken Sie vielleicht. Leider nicht nur. Auch Neid, Rechthaberei, Feindseligkeit, Mißgunst haben um sich gegriffen. Vor allem das Mißtrauen. Als ob der Sonderstatus, den wir Südtiroler heute genießen, auch den Egoismus des einzelnen fördere. Und dies, obwohl Zeit und Mensch hier seit Jahrhunderten stehengeblieben sind. In vielerlei Hinsicht jedenfalls.

Vielleicht spüren nur wenige Minderheiten dieses Unbehagen – ein paar italienischsprechende Südtiroler, weil sie keine Identifikationsfigur haben wie ihre deutschsprachigen Mitbürger im Landeshauptmann; ein paar Ladiner und die wenigen Unangepaßten im Lande, die keine Lobby wollen – jene vor allem, denen ein Heimatrecht öffentlich abgesprochen wird, weil sie es für alle einfordern.

Trotz allem, unsere Südtiroler-Autonomie hat sich nicht aufgebraucht. Noch nicht. Denn emotionaler, ideologischer, ja auch politischer Kern dieser autonomen Volksgemeinschaft bleibt »die Heimat«. Nicht mehr »die Heimat aus Gottes Hand«, wie sie der Filmemacher Luis Trenker gezeigt hat, sondern die Heimat als »Wir-Gefühl«. Auf diese »Heimat«, Ursprung aller Legitimationen, berufen sich die eine »Zeitung« und die eine »Partei«, die Schützen und vor allem die vielen selbstgerechten Heimatpfleger. Pech für all jene, die Toleranz als ihre erste Verpflichtung sehen oder deren Sprache keinen Heimatbegriff kennt. Denn der Wert Heimat war und ist auch als Waffe zu gebrauchen. Er bleibt also Angelpunkt eines fragwürdigen Systems.

In diesem Land bestimmt – wie einst der kaiserliche Apparat – seit einem halben Jahrhundert de facto diese eine Partei, die Südtiroler Volkspartei, der diese Heimat also auch alleine »gehört«. Nein, verstehen Sie mich nicht falsch, wir zahlen keinen »Zehent«, wir zahlen Steuern nach Rom und bekommen Subventionen vom Land, was die Güte der Landesväter noch unterstreicht! Auch klar, wer diesem Segen von oben nicht unterliegt, wird nicht geächtet, er / sie wird belächelt. So ist er / sie zwar keine Belastung, aber gefährlich, weil frei.

Die zweite Säule dieses Systems ist das sorgfältig gehütete Informationsmonopol. Nur ein Verlagshaus bestimmt in Südtirol seit Generationen über Gut und Böse und definiert den Wert »Heimat« – ein Gefühl, das aus der Einheit Tirols, der Kirche und dem eigenen Haus zusammengesetzt ist. Zu widersprechen wagt niemand. Es könnte das Ende eines Lebensweges bedeuten. Totgeschwiegen, verleumdet, ausgegrenzt verschwindet zuerst das Bild Andersdenkender aus den Zeitungsspalten, dann ist ihre Glaubwürdigkeit dahin, am Ende ihre Kraft. Das Tagblatt der Südtiroler erzwingt oft, was Verführung durch Parteipropaganda und Subventionierung nicht vermögen. Sie schafft so jenes Klima, das die eine und tausend kleinere Minderheiten lähmt. Und genau das ist die Tragödie. Vom Land, das heißt, von der »Partei« oder von der »Zeitung«, ist jeder / jede irgendwie abhängig, und wer abhängig ist, kann keine unabhängige Meinung äußern.

Das System Autonomie kann also auch zur Falle werden. Denn wehe denen, die nicht dazugehören. Nur weil der Grad an Sonderstatus der Provinz zum Maßstab des Erfolges einer einst bedrohten Minderheit geworden ist, die im Lande aber die Mehrheit aus Angepaßten und Subventionsempfängern ausmacht, bleibt, trotz der Maßlosigkeit an Sonderregelungen, das Unbehagen vorerst begrenzt. Bei soviel Autonomie, wie wir sie zur Zeit haben, bei den zahlreichen Subventionen, wie sie die Volkspartei-Regierung verteilt, wachsen nicht nur Wohlstand und Stolz, sondern auch Abhängigkeiten. Dieses kleine Land hallt also nicht nur wider von Gier, auch Minderheitenfeindlichkeit gehört dazu und sehr viel Arroganz. Der Proporz regelt regelrecht Ungerechtigkeiten, die »Partei« die Mittel und die eine »Zeitung« Information und Erwartungshaltung. Die Machthaber aber, legitimiert durch eine schweigende Mehrheit und angewiesen auf greifbare Erfolge, verkünden in dieser einen »Zeitung« immerzu ein Mehr. Gemeinsam halten die beiden Machtmonopole so ein System aufrecht, das sich enger und enger schließt. Ausgestattet mit immer mehr Kompetenzen, müssen zuletzt Intoleranz, Maßlosigkeit und Egoismus überschwappen ins eigene Lager. Was wir Autonomie-Erfolg nennen, ist also auch das Gegenteil davon. Weil eben Minderheitenschutz nicht immer vor Ausgrenzung innerhalb der »Minderheit« schützt.

Kleine, autonome Regionen tendieren generell zur Implosion, wenn die Machtstrukturen zentralisiert sind wie in Südtirol: Einparteienregierung, Medienmonopol, Subventionen aus einer Hand. Nur wenn mit den Kompetenzen auch die Demokratisierung, die Transparenz durch Medienvielfalt, die Verteilersysteme anwüchsen, könnte ein Land wie Südtirol nachhaltig aufblühen – auch zum Vorteil umliegender Regionen.

Was ich in diesem Zusammenhang im heutigen Südtirol am meisten vermisse, ist der Wettbewerb der Ideen. Ohne diesen Wettbewerb aber gibt es keine Veränderung und auf lange Sicht keine Erneuerung. Wenn Aufträge, Anerkennung und Subventionen nur an Angepaßte gehen und in der Zeitung vor allem Vorurteile widerhallen, herrscht Stillstand. Urteile sind widerlegbar, Vorurteile nicht.

Verwöhnt durch das Monopol auf Macht und Meinung, beschwört eine Mehrheit, die sich als Minderheit ausgibt, immerzu ihre Sonderrechte. Ohne zu hinterfragen, was diese kosten: Vetternwirtschaft, hohe Verwaltungskosten, steigende Preise. Am Ende, auf Subventionen angewiesen, leben dann zwar alle in ihrer wettbewerbsfreien Nische – aber ohne Zivilcourage. Als wäre Kritik etwas Verächtliches, wird sie stigmatisiert. Wer sich wehrt, ist verloren. Die Erneuerer sind verschwunden: in die innere Emigration, ins Ausland, im Jenseits. Den selbstbestimmten Südtiroler, gibt es ihn noch?

Das Bleiben und Mitmachen in Südtirol fällt auch mir nicht leicht. Ich sehe so viel Desinformation, lese monopolverwöhnte Kommentatoren, spüre die Häme der Gutgläubigen. Muß in Südtirol wirklich außen vor bleiben, wer sich nicht selbst verleugnen will? Bei der Selbstverleugnung aber endet meine Duldsamkeit.

Ich habe zwanzig Jahre Jugend, zwanzig Jahre als Kämpfer und bald zwanzig Jahre als Familienvater in diesem Land hinter mir – und ich hätte meine letzten zwanzig Jahre gerne damit verbracht, unser Erbe zu pflegen. Das müßte ich aber zuvor, so scheint es mir wenigstens, den Geschichtsklitterern und Jasagern wieder aus ihren Fängen reißen.

Wir brauchen in Südtirol mehr Platz für Zweifler und Visionäre. Und dringend Spielraum in der politischen Diskussion. Wo die »Partei« aufhört, ist heute Wüste. Wer in sie hineingeht, kommt nicht wieder. Wo ist in der Partei, frage ich mich, die vielgepriesene Öffnung geblieben? Nach einem ersten Lichtblick in Gestalt von Luis Durnwalder als Landeshauptmann ist auch er immer wieder zurückgepfiffen worden. Immer noch gibt es Sprachgruppenzugehörigkeitserklärungen statt allgemeiner Dreisprachigkeit. Und viel zuviel Vernünftelei, Besserwisserei, zuviel Meinungsdiktatur. Sicher, wir sind gut verwaltet in einer Provinz, die funktioniert; allerdings hinters Licht geführt von der einen Zeitung, die das System stärkt und benützt zugleich. Als Werbekunden sind wir Zahlmeister und Stimmvieh zugleich.

Und sonst? Ja, Südtirol hat sich gewaltig verändert. Das Land meiner Kindheit ist kaum wiederzuerkennen: die Dörfer sind gewachsen, auch die Obstwiesen und Weinberge, die Feuerwehrhallen und Stadttheater. An jedem Dorfrand steht heute eine gesichtslose Handwerkerzone. Fürwahr ein reiches Land! Reich an allem, nur nicht an Selbstkritik. Auch nicht an Veränderungskraft. Alles andere wird mehr. Was zu schrumpfen scheint, ist die Transparenz, die Streitkultur und die Toleranz. Und von Verantwortung fürs Ganze ist in unserer Subventionswirtschaft und Proporzkultur kaum etwas übriggeblieben. Jede(r) für sich, und Rom bzw. die EU gegen alle, heißt die Devise. Als wäre es beim Paket der auszuhandelnden Sonderrechte für Südtirol nur um Rechte in Rom gegangen.

Es ist in Bozen, wie in Rom auch, gelungen, alles zu zentralisieren, was alle betrifft: Energie, Logistik und Marketing. Andernorts wird privatisiert, bei uns wird zentralisiert, und wer sich nicht ins Machtzentrum setzt, sitzt daneben.

Und mit Gott, zu dem die allermeisten immer brav gebetet haben, ist es wie mit der »Partei«. Irgendwie weiß man, wird er / sie es schon richten, auch wenn man nicht an ihn oder sie glaubt.

Südtirol hat ohne Zweifel Anteil an den schönsten Landschaften dieser Erde. Wo die Obstplantagen enden, fängt der Wald an, mit Lichtungen und Einödhöfen und jahrhundertealtem Stillschweigen. Darüber kahle Hügelkuppen, verwitterte Berge, namenlose Schluchten. Ein schönes Land! Auch wenn es allerorten kreuzelt. Wer dieses einmalige Stück Erde nur in den Ferien erlebt, kann genießen, entspannen, wird verwöhnt. Ja, wir sind gute Gastgeber. Dabei jodeln wir Südtiroler keineswegs aus innerer Notwendigkeit oder Gewohnheit. Als wäre aber das Jodeln die Urform unserer Verständigung, wird es von Volkskundlern und Gästen immerzu eingefordert. Als apolitische Lebensäußerung. Aber in unserem Land – mit Schnee und Wintersonne,

Blütenpracht im Frühjahr, Bergferien im Sommer und reicher Ernte im Herbst –, wo nichts die Jahreszeiten verschleiert, der Handschlag als Vertrag und die Heimatliebe als oberste Tugend gilt, ist es mit der Wahrhaftigkeit wie mit Wind und Wetter, und fast alles wird dem Profit geopfert. Sogar das Sich-selbst-Sein. Jeder Volksstamm ist stolz auf die eigenen Stärken. Auch wir. Auch wenn das meiste davon schon abhanden gekommen ist. Dem Ansturm der Pizzabäcker und Bauunternehmer kann kaum jemand widerstehen. Und so mancher von denen, die am lautesten ihr Südtirol preisen, ihre »über alles geliebte Heimat«, verkauft morgen Grund und Boden meistbietend.

Auf die wichtigsten Fragen gibt die »Partei« nie eine Antwort, und das allermeiste, was in der »Zeitung« steht, ist manipuliert. Also gilt es, immer wieder Fragen zu stellen und diese eine Zeitung zu lesen, um das Land zu verstehen.

Ich persönlich fühle mich längst wie vogelfrei. So kam ich wenigstens zu einem starken Selbstverständnis. Die Haltung des »echten« Südtirolers ist auch die meine, auch wenn sie niemand mit mir teilen will. Und wenn Sie als Gast in diesem verherrlichten Land die Leute nicht verstehen: es genügt, Kommentare und Leserbriefe in der »Zeitung« zu lesen, und Sie werden wenigstens den Volkszorn verstehen, der Tag für Tag geschürt wird. Denn wer seine Geisteshaltung nicht aufgeben will, wird im Tageblatt der Südtiroler verhöhnt. In der »Heimat aus Gottes Hand« ist Hetze in der Zeitung wie der gerechte Zorn Gottes.

III

Das störrische Mammut

»Die Besinnung auf den Zusammenhalt unseres einmal ›das Land an der Etsch und im Gebirge‹ geheißenen Raumes könnte uns im schlimmsten Fall sogar noch befähigen, das nächste Weltende zu überleben. Bergländer haben dies gemeinhin schon in der Geschichte zuwege gebracht.«
Hubert Mumelter

Südtiroler Seligkeiten

Vergessen Sie nie: Wir Südtiroler sind keine Österreicher. Ja, früher einmal, da gehörte Südtirol zum Kaiserreich. Ganz Tirol gehörte einst zu Österreich-Ungarn. Nach dem Ersten Weltkrieg aber wurde Südtirol Italien zugeschlagen. Als eine Art Kriegsbeute. Wie immer wir das Problem drehen und wenden, es ist eine Tatsache. Und damit gehört der höchste Berg der Ostalpen, der Ortler, uns allein. Von dort oben bis hinunter nach Wien, von wo aus wir früher regiert wurden, sind es 3500 Meter Gefälle. Also regieren wir uns jetzt mit Selbstgefälligkeit selbst. Auf den einst nötigen Weitblick können wir verzichten.

Zwar regieren Rom und Brüssel mit, dazwischen aber sind wir wer. Unsere Gäste und wir! Wir Südtiroler sind dabei nicht nur lustig, wir sind auch stolz auf unser Land, die Berge, den Wein und die vielen Volksmusikanten, von den Spatzen bis zu den Adlern. Und die Bergfeuer nicht zu vergessen. Wir sind das Herz-Jesu-Land! Zu Recht sind wir stolz auf unser schönes Südtirol. Die Ziegenhirten sind es auch. Sonst würden sie nicht auf ihrer Homepage die ganze Welt wissen lassen, daß bei uns fast alles zum Weltrekord taugt: Geiß- und Gamsbart, die Seiser Alm, Urlärchen, Jodlerkönigin, Knödel, archäologische Funde, Dolomiten-Superski. Grüße werden bei uns fast immer aus Guinness-Buch-Plätzen verschickt, vom höchsten Eisberg und aus dem tiefsten Weinkeller.

Ja, der beste Beweis für einen erfolgreichen Urlaub ist immer noch die Postkarte. Und das beste Rezept für Erfolg im Tourismus besteht darin, das eigene Angebot nicht kleinzureden. Die Kunst besteht darin, alle genießen und alles wachsen zu lassen: das Hotel, die Wellness-Oase und die Preise. In trauter Einigkeit, mit dem Gast als Berater.

Aber Südtirol, der Name sagt es schon, hat ein Gegenstück. Nordtirol? Nein, wir sehen in unseren Tiroler Nachbarn keine Konkurrenten, aber wer möchte im Norden schon bleiben und Urlaub machen? Oder im Osten. Wir haben den Süden und die Berge, 300 Sonnentage im Jahr und so viel Einmaliges: die Städtchen Sterzing, Bruneck und Brixen. Bozen mit seinem italienischen Flair, die Dolomiten, im Westen Glurns, die kleinste Stadt der Alpen, und den Ortler, den höchsten Berg im deutschen Sprachraum. Wer seinen Urlaubsort mit dem Herzen sucht, kommt an Südtirol nicht vorbei. Weder im Winter noch im Sommer. Sonst wäre es nicht möglich, daß in der Hochsaison mehr Römer oder Sachsen bei uns wohnen als Einheimische. Dazu kommt noch Personal aus Tschechien, Marokko und Pakistan. Wir sind also auch schon international.

Wer Südtirol gefunden hat, erkennt seine Grenzen sofort. An den Farben, am Geruch, an den Bergen. Alle Bergwelt dahinter, auch die übrigen Ostalpen, sieht anders aus. Das Licht, die Menschen, ja sogar die Luft – trotz Feinstaub –, alles anders. Stehen wir auf unserem Schafberg, trennt uns kein Windrad und keine Geschwindigkeitsbeschränkung vom nächsten Hügel. Und vor dem Absturz ins totale Tief der Brennerautobahn schützt die Lärmglocke über Eisack und Etschtal. Dahinter ist immerzu Urlaub, heile Welt und beste Stimmung. In der letzten Alpenfestung im äußersten Süden des Nordens und im Norden des Südens. Im sogenannten Meraner-, Wiesen-, Blumen- oder Tirolerhof schlagen moderne Nomaden Woche für Woche ihr Quartier auf. Wem es dann im Zirnhof zu laut ist oder wenn im Dolomitenhof zu häufig in einer Fremdsprache geredet wird, findet sich im Zinnenhof unter seinesgleichen wieder.

Warum strebt der Flachländer ausgerechnet in eine bizarre Bergwelt, zum südlichen Rand des Nordens oder zum äußersten Norden des Südens? In eine Welt, die den allermeisten völlig fremd ist? Treibt sie dieselbe Neugierde, mit der unsereins auf die höchsten der landeseigenen Gipfel steigt? Sicher, wir alle wollen im Urlaub möglichst viel Sonne und Himmel sehen. Und wenn die Linie des Horizonts zurückweicht, dehnt sich der Gesichtskreis. Bis weit über die Grenzen des Landes hinaus. Ein solcher Weitblick macht süchtig und demütig zugleich. Niemand aber bleibt auf seinem Gipfel – der Himmel wie eine Halbkugel – stehen. Also zurück in die Täler, wo es auch weiter ist als im flachen Land. Weil die Berghänge überschaubarer sind. Wieder bis zum Himmel. Also wächst die Neugier weiter und lenkt die Schritte wieder und wieder in die Berge. Ein Segenskreislauf!

Der Unterschied zwischen Süd und Nord, zwischen nord- und südalpinen Landschaften ist größer, als wir selbst es ahnen. Seit der Antike beschäftigt sich der Mensch mit der Frage der Abgrenzung zwischen Italia und Germania. Nur in Südtirol stoßen die beiden Kulturkreise so augenfällig aufeinander.

Öfters fand ein einseitiger Transfer von Besitz, Wissen und Steuern statt. Bis vor hundert Jahren noch von Südtirol nach Norden. Denn im vierzehnten Jahrhundert überließ die letzte Gräfin von Tirol, Margarethe, dem Herzog von Österreich, genannt der Stifter, ihr Land im Gebirge. Noch vor 1365, dem Gründungsjahr der Universität in Wien, die heute viele Studenten aus Südtirol anlockt. Margarethe, unter dem rätselhaften Beinamen Maultasch bekannt, emigrierte nach Wien. Aber nicht in die Seniorenuniversität, sondern weil Tirol abgewirtschaftet hatte. 1369 starb sie in Wien.

Seither hat es viele Südtiroler nach Österreich und vor allem in die Hauptstadt Wien getrieben. Nur Kaiser Maximilian hielt hof in Innsbruck, was das Land noch ärmer machte. Die Ausbeute in den Silberbergwerken in Schwaz ließ das Land wieder prosperieren, und Bozen rückte dank der überregional wichtigen Jahresmessen zum zentraleuropäischen Handels- und Finanzplatz auf.

Bozen ist immer noch eine erfolgreiche Handelsstadt und seit einem Jahrzehnt mit einem enorm gewachsenen Kulturangebot – Museen, Universität, Theater, Konzerte – ein erfolgreiches touristisches Zentrum. Trotzdem gehen immer noch Südtiroler fort. Und zwar nicht nur die Schuldenmacher.

Viele Bergmenschen haben im Laufe der Jahrhunderte von den großen Metropolen geträumt. Einige wenige sind ausgewandert. Die Brüder Strudel zum Beispiel nach Wien. Nachdem im Jahre 1683 die Türken aus Niederösterreich vertrieben waren und das Baugeschäft aufblühte, kamen sie aus Südtirol in die Hauptstadt des Kaiserreichs. Der eine, ein Maler, gründete die Wiener Kunstakademie. Der andere wurde Hofbildhauer und ließ aus Laas im Vinschgau Marmor an die Donau bringen, jenen Baustoff, der ein Südtiroler Dorf bekannt gemacht hat. In Laaser Marmor arbeiteten später viele Meister zwischen Berlin und Rom. Heute wird er nach Japan, auf die arabische Halbinsel und Kapstadt exportiert. Bauwerke des Historismus, des Jugendstils und der Moderne – selbst das Wiener Parlament – sind mit Laaser Marmor verziert.

Auch heute sind es wieder Künstler, die sich in der weiten Welt behaupten. Und Wissenschaftler, Sportler, Techniker, Unternehmer aus Südtirol haben ihr Glück im Ausland gefunden. Auch wenn sie zu Hause fehlen, ist Südtirol ein prosperierendes Land geblieben. Dank unserer Autonomie, einer erfolgreichen Wirtschaftspolitik und der Fähigkeit, fast alles selbst zu machen. Dazu haben wir ein paar Marktnischen besetzt und ein eigenes Markenzeichen geschaffen. Es ist mit Südtirol ein bißchen wie mit dem reinweißen Laaser Marmor. Ob auf Plätzen oder Friedhöfen, er ist eine Rarität und überall auf der Welt viel wert.

Ähnlich ist es auch mit unserer Landschaft, in der man sich in weniger als zehn Minuten jeder Störung entziehen kann. Vielleicht ist unser Boden deshalb so teuer. Ja, die Landschaft ist unser wichtigstes Kapital. Denn wir leben mehr und mehr vom Tourismus. Alles Besondere in Südtirol hat mit dieser Landschaft zu tun: Almen, Wälder, Einödhöfe. Das Wort Kulturlandschaft klingt verbraucht. Auch für uns Südtiroler. Es bezeichnet einen Wert, der am Menschen Maß nimmt: naturnah, kinderfreundlich, streßarm, menschengerecht, gesundheitsfördernd, gastfreundlich, weltoffen. Südtiroler Spürsinn, und gewiß auch Starrsinn, hat den größeren Teil unserer kleinräumigen Kulturlandschaft bis heute verteidigt. Ob sich unsere besondere Lebensart weiter entfalten kann, hängt wenigstens zum Teil davon ab, wie wir dieses unser Landschaftsbild in die Zukunft retten. Bei klarem Wetter ist wenigstens der Himmel darüber offen, und die Zeit steht still.

IV

Aus großer Zeit

»In unserem Sprachgebrauch bezeichnet ›walsch‹ (nur ältere Leute sagten zu meiner Zeit noch ›walisch‹) alles benachbarte Fremde, also die Italiener, und zwar ohne jede im positiven oder negativen Sinn wertende Implikation. ›Welschtiroler‹ meint nicht ›schlechter‹ oder ›minderer‹ Tiroler, so wie der ›welsche‹ Schweizer schlicht der französische Schweizer ist. ›Er ist walsch‹, ›er redet walsch‹ heißt somit ›er ist Italiener‹, ›er redet italienisch‹, und es heißt keinesfalls, der Betreffende sei ein minderwertiges Subjekt welcher Gattung immer.«
Claus Gatterer

Heldenlieder

Südtirol ist heute nicht nur als die kleine Alpenprovinz mit Bergen, freundlichen Menschen, grünen Wiesen, Bergbauernhöfen, Skiliften, Rotwein und Speck bekannt. Südtirol bleibt auch die Heimat von Andreas Hofer. Dieser Hofer nun, der Sandwirt aus dem Passeiertal, war der Anführer der Tiroler Bauern gegen die bayerischen und französischen Truppen zur Zeit Napoleons. Andreas Hofer wurde schließlich gefangengenommen und 1810 in Mantua erschossen. Er ist europaweit ein Symbol geworden für Freiheitsdrang, Heimatliebe und Heldentum. Dabei förderten die Jahre der bayerischen Besatzung in Tirol, die 1809 ein letztes Mal zur Erhebung gegen diese Fremdenherrschaft führte, bei der lokalen Bevölkerung nicht nur kurzfristig ein patriotisches Bewußtsein. Es wuchs damals jenes nachhaltige regionale Zugehörigkeitsgefühl, das bis heute anhält. So bitter zuletzt die Folgen der Berg-Isel-Schlachten für viele Tiroler Familien auch gewesen sein mögen, das daraus gewonnene Zusammengehörigkeitsgefühl ist weitere 200 Jahre lang lebendig geblieben. Und heute noch spielen Lokalpolitiker mit den Helden von 1809, wenn es gilt, die Kräfte im Lande gegen Widerstände von außen zu bündeln.

Hofer, Speckbacher, Haspinger sind Figuren, die bei allen Südtirolern Emotionen von Heimattreue und Stolz wecken. Dabei sind wir Südtiroler heute selbst südländischer, als wir zugeben wollen, also »welsch angehaucht«. Nicht umsonst beneidet man uns um unsere Zweisprachigkeit unsere deutsch-italienische Doppelkultur, unser *l'arte del vivere*. Da und dort kommt sogar Lebenslust auf, wenn Südtiroler deutscher Muttersprache »La Montanara« singen. Wir leisten uns Unpünktlichkeit wie auch italienische Spezialitäten, wir verwechseln selbstbewußt Schlampigkeit mit Kreativität und halten ununterbrochenes Geplaudere für einen Ausdruck von Phantasie. Es ist also nicht viel von unserer österreichischen Herkunft übriggeblieben. Sicher, einiges haben wir auch von den berühmten deutschen Werten dazugenommen, mehr aber von der italienischen Lebensart gelernt.

Als Südtiroler kann ich mich, so paradox das klingt, mit Andreas Hofer und Giuseppe Garibaldi, mit Joseph Zoderer und Umberto Eco identifizieren. Wir sind auch kulturell zwischen Verona und München, zwischen Zürich und Wien zu Hause. Einerseits sind wir italienische Staatsbürger, andererseits reisen wir am liebsten nach München und die Münchner zu uns. Fast so, als gehörten wir zu Bayern. Verstehen es die Bayern doch glänzend, von ihrer vaterlandsverräterischen Allianz mit Napoleon abzulenken.

Ja, wir Südtiroler haben mit der deutschen und österreichischen Seele ebensoviel Gemeinsames wie mit der italienischen. Natürlich nicht immer und viele deutschsprechende Südtiroler werden das nicht zugeben, auch wenn sie an der Riviera Urlaub machen. So, wie sich die Bayern mit dem Slogan »Laptop und Lederhose« brüsten, könnte unser Motto »Spaghetti und Speckknödel« heißen.

Kein Zweifel also, es gibt eine Menge Vielfalt in diesem kleinen Land, und auch wenn es einigen zuviel ist, der Vielfalt gibt es nie genug. Vielleicht ist diese Art Öffnung die größte politische Leistung in dieser Provinz mit den hohen Bergen. Südtirol hat aus tiefer Armut heraus eine nachhaltige Entwicklung geschafft und ein Klima, in dem es sich gut leben läßt. Von ein paar Rahmenbedingungen einmal abgesehen, die nicht in unsere Zeit passen: das strikte Verhindern von Kaufhäusern am Stadtrand zum Beispiel! Ich meine damit also nicht die Nichtigkeiten, über die sich das ganze Land irrsinnig aufregen kann: wie die Jagd in den Landesforsten oder ein paar Bäume im Stadtpark, die gefällt werden, ehe sie der Wind umreißt. Ich denke dabei vor allem an das Beinahe-Meinungsmonopol durch eine Familie, die Auslegung italienischer Vorschriften nach dem Prinzip der deutschen Gründlichkeit oder das Autobahnstück vom Brenner bis Salurn, das heute die allermeisten verfluchen, obwohl es einst von fast allen herbeigebetet worden ist. Als ob wir ohne die Brennerautobahn wirtschaftlich überlebt hätten! Noch etwas: Unter den vielen Ausländern, die bei uns Arbeit finden, haben es nur Spezialisten in gehobenen Positionen schwer. Denn wir können doch alles selbst. Wir müssen künstlerische Leiter, Oberärzte, Direktoren wirklich nicht importieren, sagen sich jene Fachleute im Lande, die ihrerseits im Ausland keine Chance hätten. Ja, es gibt in Südtirol bestens ausgebildete Spitzenkräfte, auch Wissenschaftler, Künstler, gar Genies. Obwohl wir einige der besten nicht halten konnten. Natürlich gibt es in Südtirol heute auch davon mehr als früher, aber nie genug. Wettbewerb täte also gut. Ungerechtigkeiten lassen sich vor allem durch Wettbewerb ausgleichen. Es ist doch überall dasselbe: Zuletzt ist es wie mit den Helden, die man selbst umgebracht hat. Sind erst Plätze und Straßen nach ihnen benannt, bleiben frühere Anfeindungen vergessen.

Ähnlich ist es mit dem Hang zur Schadenfreude, der auch in Südtirol stark ausgeprägt ist. Weder Scham noch Reue reichen über den Tod der zu Schaden Gekommenen hinaus. Früher oder später sind also alle Probleme gelöst. Auch die Generationen übergreifenden Feindseligkeiten von früher – Streitigkeiten zwischen Gemeinden oder Höfen – sind oft allein mit einem neuen Bürgermeister zu befrieden, und das Glück, dem Nachbarn das Paradies zur Hölle gemacht zu haben, ist dann leider auch dahin.

Zur allgemeinen Beruhigung trägt zuletzt auch die

ständig wachsende Zahl von Bürokraten bei. Denn Verbotssucht auf der einen und Obrigkeitsdenken auf der anderen Seite haben sogar die Revolutionäre im Lande zu braven Bürgern gemacht. Diese Bürokratie, gewissermaßen eine autonome Kraft innerhalb der Autonomie, ist wie überall sonst eine schlafende Größe. Denn sie unterliegt keinen Wahlen. Der selbstbestimmte Bürger ist ihr Feind und wird immerzu verfolgt, wenn er aktiv ist. Also wird möglichst wenig unternommen. Südtirol, mit seinem Hang zur Harmoniesucht, integriert sich also gut in das gesamteuropäische Haus. Gleichzeitig ist die Immunisierung gegen alles, was irgendwie anders ist, so weit fortgeschritten, daß auch von daher Stillstand droht. Und wenn ein umstrittener Politiker erst einmal in Bronze gegossen dasteht, symbolisiert er den Schlußpunkt aller Debatten.

Ihr Sicherheitsdenken und der Wunsch, nicht anzuecken, haben die Südtiroler zusammenrücken lassen. Dabei fühlen sie sich erfolgreich und frei. Bemüht, mögliche Beschwerden von vornherein auszuschließen, bleibt demnach wenig Zeit, über unser Selbstverständnis nachzudenken. Das Problem mit dem Südtiroler Nationalgefühl war, daß es zu Österreich nicht konnte und zu Italien nicht wollte. So verfestigte sich ein Wir-Gefühl, ein Heimat-Gefühl ganz eigener Art. Bleibt nur noch, auch den Südtirolern italienischer Muttersprache emotional ein Heimatrecht zuzugestehen. Aber erst, wenn die verbotene Zeile im »Lied der Deutschen« von Hoffmann von Fallersleben – »von der Maas bis an die Memel, von der Etsch bis an den Belt« – für immer vergessen ist, kann der allerletzte Schritt zur Befriedung der Südtirol-Frage getan werden.

Südtirol ist also auf einem guten Weg. Südtirol sei »das Schönste auf der Welt«, suggeriert ein Volkslied. Und tatsächlich stellen wir nicht nur in Heimatliebe Rekorde auf, wir hatten vor Jahren den weltbesten Redner, der sich als Hochstapler entpuppte, und heute prahlen wir mit dem burgendichtesten Raum, obwohl die allermeisten dieser Gemäuer längst verfallen sind. So viele Rekorde wie Südtirol stellt also kein anderes so kleines Land auf. Sogar die Selbstmordrate ist die höchste von Mitteleuropa. Trotzdem erfreuen wir uns unserer Vorbildautonomie! Wir haben auch genug Krankenhäuser, Altenheime und Kindergartenplätze. Sogar ein allgemeines Wahlrecht. Aus einer Art Gewohnheit wählen die allermeisten zwar so, wie ihre Vorfahren auch gewählt haben, aber wir gehen noch zahlreicher zur Wahl als unsere Nachbarn!

Daß wir neben politischer Stabilität auch Rechthaberei, Größenwahn, Geldgier und reaktionäre Gesinnung zu verzeichnen haben, ist eine andere Tatsache. Manchmal denke ich, man müßte die Hofnarren wieder einführen und sie zu ehrenwerten und beneideten Schattenpolitikern machen. Gelte es doch, die bürgerliche Doppelmoral vorzuführen als das, was sie ist, und damit zu zeigen, was sie anrichtet. Warum nicht. Wenn damit wieder klar würde, was ein anständiger Südtiroler ist.

V

Zum Gipfel

»Es braucht eine ›Kultur des Zusammenlebens‹, während heute noch vielfach Lebensformen und Kulturen vorherrschen, die das Nationale sehr betonen: manchmal geradezu als offensive Abhebung gegen andere, häufiger als stillschweigende Selbstverständlichkeit, wo ›die anderen‹ einfach nicht vorkommen. Durch die verschiedenen Krisenerscheinungen sind Fremdenhaß und Intoleranz eher im Vormarsch.«

Alexander Langer, Aufsätze zu Südtirol 1978–1995

Bildstöcke und Wetterkreuze

In Südtirol kreuzelt's allerorten! Dabei sind mir nur der Gipfelkreuze zu viele. Alte Wetterkreuze, Marterl an steilen Wegen, Bildstöcke und Erinnerungskreuze an den Hauptstraßen gehören zu unserer Kultur. Auch weil sie aufmerksam machen auf Gefahr, Leben und Tod. Das bedeutet nicht, daß es bei uns gefährlicher ist, wenn es blitzt, als andernorts. Aber im Gebirge gibt es mehr Gefahren als im flachen Land. Das gilt auch für die Straße.

Wer mit seinem Pkw bei uns auf schmalen Paßstraßen fährt, sollte schwindelfrei sein. Und ganz rechts bleiben! Auch wenn der Hang darunter ins Bodenlose abfällt. Wenn Ihnen dann in einer Kurve ein Motorradfahrer auf der falschen Seite entgegenkommt, ist das meist nur der erste einer ganzen Kolonne von Verkehrsteilnehmern, die einem seltsamen Hobby frönen: *Risk for fun*.

Im Pulk, alle im Lederdress, mit Helm, der auch in Italien zwingend vorgeschrieben ist, rasen sie durch ein Ferienland, das mehr und mehr zum Friedhof zu werden droht. Ich habe in den Dolomiten mehr tote Motorradfahrer als abgestürzte Kletterer gesehen.

Übertrieben? Kann die Landstraße durchs Pustertal oder die Paßstraße am Reschen gefährlicher sein als die Ortler-Nordwand – oder das letzte Teilstück deutscher Autobahnen ohne Geschwindigkeitsbeschränkung? Aggressive Autofahrer gibt es überall, aber Motorradfahrer, die im Kollektiv Staus, Überholverbote und Sperrlinien ignorieren, sind vor allem auf unseren Paßstraßen eine Gefahr. Auch für andere Verkehrsteilnehmer. Und zudem nicht nur eine Gutwettererscheinung. Vor allem bei Regen wird um die Wette gefahren. Mann gegen Mann. Leider landen die Kontrahenten öfter auf dem Friedhof als im Krankenhaus.

Diese Friedhöfe sind allerdings einen Besuch wert. Allerorten gepflegte Gräber. Namen und Daten geben Auskunft über die Dörfer und Menschen, die dort leben und gelebt haben. Wie die vielen Kirchen und Kapellen auch, die von der Talsohle bis zu den höchsten Berghöfen zu finden sind.

Wir Südtiroler sind vielleicht nicht besonders religiös, dennoch sind die allermeisten von uns fest im christlichen Glauben verankert. Das Dorfleben ist getragen von einer Vielzahl von Vereinen und der Jahresablauf von kirchlichen Festen, Prozessionen und Feiertagen. Daß dabei vor allem jene, die immerzu althergebrachte Sitten und Gebräuche beschwören, sogar die Vorfreude aufs Weihnachtsfest mißbrauchen, um den Weihnachtsmarkt neu zu erfinden, wo sie konsumtechnisch vermarkten, was an Kitsch und Alkohol aufzutreiben ist, wird nicht als Widerspruch verstanden. Es paßt nahtlos zum Bild der Bozener Händler, die die Schnittstelle zwischen Nord und Süd seit Jahrtausenden zu nutzen verstehen.

Ja, auch wir sind der Globalisierung ausgesetzt und müssen uns weiter behaupten in einer chaotischen und schnellebigen Welt. Deshalb aber müssen wir unsere Patschen nicht aus China holen und dabei so tun, als hätte sie die Großmutter genäht. Da hilft es auch wenig, in weinseliger Gemütlichkeit unseren Gästen von der Gastfreundschaft der Südtiroler vorzusingen – Wärme, Geborgenheit und Sicherheit sind nur zusammen mit einem starken Selbstverständnis zu vergeben. Und Selbstverständnis hat auch mit Selbermachen zu tun. Aber Obacht, von allzuviel Gemütlichkeit fühlen sich Gäste häufig erstickt.

Südtirol bleibt also ein schönes, gleichzeitig aber auch ein rätselhaftes Land. Je besser ich es zu kennen glaube, desto einmaliger erscheint mir das Landschaftsbild in seiner Vielfalt. Die Menschen verstehe ich jedoch oft nicht. Das Land wurde reicher, die Menschen, vor allem die jungen Menschen, sind anspruchsvoller und selbstzufriedener geworden, beinahe so, als bliebe nichts mehr zu tun. Als lebten wir Südtiroler emotional nur noch vom Stolz auf »die Heimat«. Der Preis könnte die intellektuelle Selbstaufgabe sein. Ja, es geht uns gut, aber nicht so gut, daß wir uns keine Sorgen machen müßten.

Und woher rührt die Unzufriedenheit, die vielerorts zu spüren ist? Nur weil alles Erreichbare – dynamische Autonomie, allgemeiner Wohlstand, eine gute Portion Selbstherrlichkeit – erreicht scheint, kann es diesen Unmut nicht geben. So viele finden, daß man mit dem Erreichten gefälligst glücklich sein sollte. Unsere Identität ist also weniger getragen von den Aufgaben, die vor uns liegen, auch nicht von gemeinsamer Vergangenheitsbewältigung, sie hat etwas Provinzielles, durch und durch Selbstbezogenes. Denjenigen, die in dieses »Südtirol über alles« nicht einstimmen mögen, kann es gut passieren, daß sie ausgegrenzt werden. Denn rasch ist man vertrieben von der »Insel der Seligen«.

VI

Die Vogelhändler

»Der Begriff ›Europaregion Tirol‹ kursiert heute eher im Diskurs politischer Eliten als in der Öffentlichkeit. Allerdings sind derzeit die wirtschaftlichen und politischen Interessen der drei Teile der Europaregion zu unterschiedlich, ist die Stimmungslage zwischen der deutsch- und italienischsprachigen Bevölkerung zu verschieden, um sich als wirtschaftliche und politische Einheit zu präsentieren. [...]

Dadurch wird deutlich, daß die ›Europaregion Tirol‹ bislang eine Kopfgeburt geblieben ist, eine politische Konstruktion, ein Diskurs, dessen Inhalt sich in den letzten 30 Jahren immer wieder gewandelt hat.«

Günther Pallaver

Macht und Medien

Die Politik funktioniert in Südtirol wie eine Zweierseil-
schaft, bestehend aus »Partei« und »Zeitung«. Beide
haben ein gemeinsames Ziel wie die Seilschaft am Berg
auch. Und beide Seilschaften funktionieren nach dem
Führerprinzip. Wer vorausgeht – und einer geht am
Berg immer voraus –, gibt den Weg vor und bestimmt
den Ablauf der Tour. Auch den Rhythmus des Voran-
kommens. Der Seilzweite folgt. Manchmal wechselt
man ab. Auf Dauer aber bleibt der Stärkere vorn, und
der Schwächere tut, was der Seilerste will.

In stillschweigendem Übereinkommen zweier
Mächte also kommt auch das Land Südtirol voran. Seit
bald sechzig Jahren, seit dem Ende des Zweiten Welt-
krieges. Mit dem Unterschied nur, daß bei der Zweier-
seilschaft aus »Partei« und »Zeitung« keiner der Partner
abstürzen kann. Denn in unserer politischen Seilschaft

ergänzen sich die »Partei« und die »Zeitung« zu einem unschlagbaren Sieger-Duo – ein Machtgefüge, das nur eine Gefahr kennt: den jeweils anderen. In Zeiten der Krise ist man deshalb um einen Ausgleich bemüht, wechselt sich in der Führung ab. In guten Zeiten wie jetzt wird um die Macht gepokert.

In einer Demokratie ist eine Seilschaft aus Medien und Politik freilich mehr als verdächtig. Denn die Medien haben zuallererst die Aufgabe, die politische Macht zu kontrollieren. Wer sollte das sonst tun? Die Opposition im Südtiroler Landtag – aus einem Spektrum italienischer Parteien, Grünen, Freiheitlichen, Ladins und Union – spielt kaum eine Rolle. In Südtirol sind nicht etwa die Rollen vertauscht, wir haben nur zuviel Monopol: Eine einzige Partei, die alle Richtungen vertritt, regiert also de facto allein. Das Selbstverständnis der Zeitungsmacher steht auf dem Kopf. Denn ihre Kunst ist die Manipulation der »Partei«. Durch die Macht der Information. Also bestimmen sie politische Themen, beeinflussen Wahlausgänge, fördern Abhängigkeiten. So machen sie Politik. Ohne Mandat, also ohne dafür gewählt oder sonstwie ermächtigt worden zu sein. Alles aus Gewohnheit, Kalkül, Machtgier. Überheblichkeit kommt dazu.

Andere Zweckgemeinschaften werden abgelöst wie Seilschaften, Machthaber abgewählt. Unsere nicht. Denn diese spezielle Seilschaft erklärt sich und ihren Erfolg zum Modell, das niemand in Frage stellen kann, weil diese Seilschaft selbst die Antwort auf alle Krisen ist. Sie hat also immer Erfolg. Auch wenn sie scheitert.

Warum sollte sie sich auflösen? Ist ihr Zweck doch der Machterhalt, ein langfristiger Selbsterhalt.

Warum sollte es in der Südtiroler Politik nicht südtirolerisch zugehen, fragen Sie sich. Lesen Sie die »Zeitung«, wenn Sie bei uns Urlaub machen. Es ist allemal unterhaltsam, wenn man einmal durchschaut hat, wie sie manipuliert. Unser Land ist sogar hierin mit keinem anderen zu vergleichen, und wir Südtiroler sind sogar stolz darauf. Wie auch auf unsere gute Politik. Daß dazu zuallererst die Seilschaft beiträgt, steht tagtäglich im Tagblatt. In ihrer Zweifaltigkeit aus Medienmonopol und Einheitspartei ist dieses Erfolgsduo in bald sechzig Jahren zur Siegessäule erstarrt. Ein Erfolgsmodell, das EU-weit Anerkennung findet. Warum also sollte diese Seilschaft nicht weiterbestehen? Zumal die eine Hälfte ohne die andere auf Dauer nicht überlebensfähig ist. Es gäbe auch den einen oder anderen Politiker ohne die »Zeitung« nicht. Die »Zeitung«, der sie ihr politisches Leben verdanken, kosten sie nichts. Und man ist ja in derselben Partei. Man handelt also in Naturalien, nicht in Geld. Die Zahlungsmittel sind Macht und Aufmerksamkeit. In einem vielfältigen Abhängigkeitsverhältnis also geschieht von dem, was die Partei beschließt, weiterhin das, was die »Zeitung« geschehen läßt. Wenn nicht, wird Stimmung gemacht.

Ob es in anderen Provinzen anders zugeht? Kaum. Aber in Südtirol wird diese Art Machtspiel Demokratie genannt. In Neuguinea würden Verhaltensforscher von Stammesritualen sprechen. Aber auch bei uns machen den Zauber fast alle mit. Der dorfeigene Kirchturm, ganz bestimmte Gewohnheiten und das Bekenntnis zur Heimat gehören dazu.

Auch ich liebe dieses Land und die Leute, die oft wie verloren in den Tälern leben, weit voneinander entfernt, getrennt durch Bergketten oder Klüfte, verloren in ihren Tüfteleien und Ideen. Steif und unbeholfen im Umgang miteinander, ist den allermeisten doch der soziale Sinn des Selbstversorgers und die Gastfreundschaft des Halbnomaden geblieben. Mit dem gutgläubigen Blick für das Wesentliche lesen diese Südtiroler auch ihre »Zeitung«: Zuerst die Todesanzeigen, dann das Lokale, zuletzt die Kommentare. Im Gasthaus dann oder im Laden ein wenig Gedankenaustausch und wieder nach Hause zu den Wiederkäuern.

Journalismus hat auch bei uns den Interessen des Verlegers zu dienen, aber dieser gibt sich mit Geld allein nicht zufrieden. Und weil wir in Südtirol eine Opposition haben, die sich zum Teil von der »Zeitung« als Keil in alle Richtungen mißbrauchen läßt, hat die »Zeitung« den Hebel auf ihrer Seite. Politik bedeutet nicht allein, Konflikte zu managen, zu Kompromissen zu finden. Politik lebt auch von Visionen, Demokratie ist Überzeugungsarbeit. Jedes Druckmittel dabei stört. Wo Mehrheiten von einer »Zeitung« herbeigeschrieben werden können und im Gegenzug eine de facto alleinregierende »Partei« in vorauseilendem Gehorsam den Vorgaben dieser »Zeitung« folgt, ist Demokratie nurmehr eine leere Hülle. Die vierte Macht, wie die Medien oft als Kontrolleur von Regierung, Parlament und Gerichten genannt werden, ist die erste geworden.

Wir haben es also mit einem politischen System zu tun, das sich demokratiefreundlich gibt, aber demokratiefeindlich handelt. Wenn dazu die Distanz zwischen Journalisten und Politikern nicht gewahrt bleibt, entsteht die Kumpanei der Gesinnungsfreunde, »Zeitung« wird zur Bühne für Politwerbung. Doch Vorsicht: Narrenfreiheit und Selbstdarstellung sind vergleichsweise harmlose Konsequenzen. Aber Despoten wachsen im politischen Machtvakuum heran, in Krisenzeiten erst sind sie gefährlich.

In ihrem Hochmut und Dünkel, die Politiker in ihrem geistigen Standard zu übertreffen, spielen die Medienmachthaber am Ende immer ihre Trumpfkarte aus: Macht gegen Karriere-Hilfe. Wer von Stimmen abhängig ist, bleibt für immer ein Spielball. Bis er fallengelassen wird.

Ihre Zeitung lesen die allermeisten Südtiroler in ihrer Sprache, und sie finden dort genau das, was sie immer schon wußten. Das geistige Futter der Südtiroler ist oftmals, wie jenes ihrer Rindviecher, zuletzt vielfach verdaut. Aber liefert nicht jede Zeitung, wonach die Leute verlangen? Tag für Tag? Vielleicht weiß aber unser gewitzter Chefredakteur, wie viele Zutaten eine Kampagne dorthin tragen, wo er seine Leser haben will. Unsere »Zeitung« ist auch darin geschickter als Kirche und Staat. Und sehr mächtig; kein Stadtrat, kein Parteichef, kein Heimatpfleger sollte sie unterschätzen. Denn alles geschieht im Wortlaut »zum Wohle des Landes«.

Die »Zeitung« leistet auch sonst viel: sie kann Projekte niedermachen, Leser gegen »Nestbeschmutzer«

aufbringen, Direktoren aussuchen helfen und vor allem Meinung machen. Erfolge werden nach Belieben herbei-, Ideen hoch- und unliebsame Personen niedergeschrieben. Man nennt es Medienpolitik. Kein Mandat ohne den Segen der »Zeitung«, keine Landesregierung ohne Ausgleich der Machtinteressen von »Partei« und »Zeitung«. Südtirol hat auch deshalb stabile politische Verhältnisse, weil die Südtiroler deutscher Muttersprache von der »Zeitung« immerzu angehalten werden, die eine »Partei« zu wählen, deren Wähler sie in erster Linie bedient. Und diese »Partei« hat logischerweise ein Interesse daran, daß ihre Wähler diese eine »Zeitung« lesen. Allein daß die Zeitungsleser alle fünf Jahre zu mehr als achtzig Prozent diese eine »Partei« wählen, ist ein Beweis für das Funktionieren der Seilschaft. Ein politisches Perpetuum mobile im Interesse beider Kräfte und der Schlüssel zu ihrem jeweiligen Erfolg. Die Partner einer solchen Seilschaft jedenfalls sind unzertrennlich. Auch wenn sie sich nicht mögen sollten.

Die italienischen Politiker und Zeitungen im Lande kritisieren diesen Zustand nicht. Weil auch sie nach Belieben über ihren Bevölkerungsanteil verfügen wollen. So werden den Südtirolern politisch getrennte Identitäten verordnet. Ethnische und sprachliche Trennung sind nicht nur als Instrumente der Proporzverwaltung festgeschrieben. Sie sind die Basis einer Politik des Herrschens durch Trennen und Teilen. Wie die Vogelhändler halten die Machthaber ihre Schätze in Käfigen.

Aber ich bleibe dabei, Südtirol ist landschaftlich das aufregendste Stück Mitteleuropas. Zu Recht prahlen wir mit hoher Lebensqualität. Auf jeder Kuhweide ein Event. Zwischen Autonomie als Prozeß und europäischer Integration bliebe genug Spielraum für die Variante »Sonderweg«.

Aber all unsere identitätsschützenden Instrumente schützen am Ende nur die Macht der Identitätspolitiker und jener Medienmacher, die von der Vermarktung einer »in Tirol verwurzelten Heimatzugehörigkeit« profitieren. Politisch ebenso wie wirtschaftlich. Denen, die ihnen ihre Propaganda nicht vorbehaltlos abnehmen, unterstellen sie öffentlich ein gestörtes Verhältnis zu Normalität. Und zur Normalität gehört zuallererst ihre »Zeitung«, die Politik macht. Indem sie die Unpolitischen, die Uninteressierten, die Mehrheit auf ihre Linie bringt, werden Mehrheitsentscheidungen von dieser »Zeitung« herbeigeschrieben, ehe sie getroffen werden. Wer sie nicht mitträgt, ist in ihren Augen eine problematische Persönlichkeit. Südtirol ist trotzdem kein Narrenhaus, und niemand denkt daran, unseren Ausnahmezustand in Italien als Teil des Europäisierungsprozesses in Frage zu stellen. Aber wer Macht hat, will mehr davon. Die »Zeitung« kann und tut also alles, was ihre Macher politisch stärkt. Vom christlichen Wert Toleranz ist nichts übriggeblieben. Denn in der zentral gesteuerten Deutsch-Südtiroler Öffentlichkeit darf nur sein, was die »Zeitung« duldet. Für Zivilcourage bleibt da wenig Raum.

Diese eine »Zeitung« und diese eine Einheitspartei sind also zwei Seiten einer Medaille – ein ungleiches Gespann zwar, aber eng miteinander verflochten. Daß in allen Regimes, ob faschistischen oder kommunistischen Zuschnitts, Parteien die Medien kontrollieren, heißt nicht, daß im umgekehrten Fall automatisch Demokratie herrscht. Bei uns in Südtirol hält sich die »Zeitung« eine »Partei«, wie Insider stolz verkünden, und dieses System nennen wir »Südtiroler Autonomie«. Fragt sich nur, wer hier autonom ist.

Die zweite Kraft nun, die »Partei«, die unser deutschsprachiges Südtirol zusammenhält – eine Sammelpartei, eine Ständepartei, die Volkspartei –, ist seit 1946 Regierungspartei. Sie schluckt alles und verträgt viel. Nicht aber die »Zeitung«, mit der sie sich die Macht teilt. Das Erfolgsmodell Südtirol verdanken wir dem Fleiß der Leute und zwei Landeshauptleuten, von denen der eine, Silvius Magnago, mit seiner Vision »Los von Trient« und den Forderungen nach Südtirol-Autonomie in Italien den Rahmen schaffte, den der andere, Luis Durnwalder, mit wirtschaftlichen Inhalten füllte. Am besten waren diese beiden Landesväter immer dann, wenn sie sich entschieden gegen die »Zeitung« und im Ringen mit der »Partei« um die Autonomie aller Menschen in Südtirol bemühten.

In der Zeitung standen dann allerlei Unfreundlichkeiten oder nichts. Warum nur fürchten Politiker das Ignoriertwerden am allermeisten. Wer ohne Bild erscheint, ist abgestraft.

Wer meint, mein Bild der Südtirol-Demokratie sei überzogen, wird sich als Tourist nur schwerlich ein Bild davon machen können, denn für Gäste sind die Verhältnisse in Südtirol geradezu ideal. Nur wer jahrelang vor

Ort ist und sich aktiv darum bemüht, bekommt Einblicke hinter jene Kulissen, die Tag für Tag mit Druckerschwärze verdunkelt werden.

Wohlstand, Sicherheit und Konsenspolitik sind auch bei uns heute die Themen, die im Mittelpunkt stehen. Wer wird sie mit neuen Inhalten füllen? Die jüngeren Südtiroler jedenfalls, soweit nicht an Vorurteile oder im Konsumstreben verlorengegangen, oder vielleicht auch entmutigt, fiebern diesem Neuen entgegen. Und wenn sie sich ihre Welt selbst erfinden müssen. Ich jedenfalls bin ein möglicher Südtirol-Veränderer! Wird dieser Veränderungswille, von dem die gestrigen Problemträger nichts wissen können, das Land womöglich morgen aus seinen Fesseln befreien? Eine »Zeitung«, die Politik statt Information betreibt, und eine »Partei«, die mit der Streitbeilegung zwischen Österreich und Italien als Sammelpartei (ohne Italiener) überholt ist, dürfen jedenfalls in Frage gestellt werden.

VII

Ein Schloßgeist für Juval

»Nur weil eine Kuh in Südtirol steht, liefert sie noch lange keine Qualitätsmilch.«
Hans Berger, Landesrat für Landwirtschaft

Einödhöfe und Berghütten

Grund und Boden sind den Südtirolern extrem teuer – schließlich ist die Selbstversorgerlandwirtschaft das überkommene Lebensmodell. Und nicht nur in alten Gemäuern steht der Geist von Jahrtausenden. Allerdings ist es heute hoch oben am Berg, in bis zu 2000 Metern Höhe, schwierig geworden, als Bauer zu überleben. Es gibt Höfe, die von der nächsten Straße aus nur über mehrere hundert Meter Fußweg zu erreichen sind, und diese Wege sind mitunter so steil, daß sie durch Leitern befestigt sind. Mancher Bauer trägt in solchem Gelände Steigeisen beim Mähen seiner steilen Felder. Dennoch kosten Wiese, Wald und Almflächen viel Geld. Von Obstplantagen und Weingärten will ich gar nicht sprechen. Jedenfalls gehören die Südtiroler Grundpreise zu den höchsten in Europa. Verständlich, wenn man bedenkt, wie knapp die Kulturflächen im Lande sind.

Ein Großteil Südtirols ist unproduktives Gelände. Trotzdem, so hohe Preise für landwirtschaftlichen Grund sind nicht nachvollziehbar. Vor allem, wenn man bedenkt, daß die karge Berglandwirtschaft kaum noch Erträge abwirft. Das liegt auch daran, daß mit dem Handikap von Höhe und Steilheit auch der Maschinen- und Arbeitseinsatz steigt. Und Arbeitskraft kostet auch bei uns viel Geld. Trotzdem werden die allermeisten Bauernhöfe in Südtirol weiter bewirtschaftet. Selbst dann, wenn Einödhöfe verkauft werden müssen, finden sich meist sofort Käufer: Jungbauern, die ihr »Hoamatl«, oder Städter, die einen besonderen Platz zum Wohnen suchen. Wir Südtiroler hängen also an der Scholle.

Ich weiß, die allermeisten Bauern sind auch bei uns heute keine Selbstversorger mehr. Die einen produzieren Obst, hauptsächlich Äpfel, andere Wein, wieder andere Beeren oder Gemüse. Einige wenige setzen auf Tiermast. Den allermeisten Bergbauern bleibt nichts anderes als die Milchwirtschaft. Im Idealfall kombiniert mit Tourismus, also Ferien auf dem Bauernhof. Denn unsere Bauernhöfe sind in der Regel zu klein. Der Vertrieb und Verkauf der landwirtschaftlichen Produkte ist deshalb genossenschaftlich organisiert. Alle liefern ihre Milch an eine Zentrale, die Äpfel an die Genossenschaft, wo sie veredelt und weiterverkauft werden. Da auch der Einkauf von Kraftfutter, Spritzmittel oder Kunstdünger über wenige Kanäle läuft, entspricht das Ganze der industriellen Landwirtschaft, wie sie fast überall in Europa betrieben wird. Obwohl wir keine Großbetriebe aufzuweisen haben, sind also die einzelnen landwirtschaftlichen Sparten in Summe Monokulturen. Ein bißchen wie ein einziger Großbetrieb. Die Qualität der Produkte entspricht dem kleinsten gemeinsamen Nenner.

Anders die Almwirtschaft, eine wichtige Besonderheit der alpinen Viehwirtschaft. Sie ist zum Glück noch lebendig. Das Jungvieh sowie Ziegen und Schafe werden im Frühsommer auf die Almen getrieben und bis zum Herbst dort betreut. Das nahrhafte Gras und die an Vitaminen und Mineralstoffen reichen Kräuter stärken die Tiere, die dann gesund wie Urlauber in die Täler zurückkommen.

Vielleicht ist diese Almwirtschaft das letzte Relikt unseres früheren Selbstversorgerdaseins, das dem Rhythmus der Halbnomaden in anderen Gebirgsgegenden auf dieser Erde nahekommt. Diese Transhumanz, die Wanderweidewirtschaft, hat aber nichts mit Fernweh zu tun, sie ist Arbeit. Auf vielen dieser Almhütten werden heute auch Touristen bewirtet, die vor allem in den heißen Hochsommermonaten per Seilbahn oder zu Fuß in die Höhe steigen.

Wenn es bei diesen Hütten dann aussieht wie hinter den Gehöften im Tal auch, dann ist das weniger dem Schlendrian der Gäste zuzuschreiben als vielmehr der Gewohnheit der Gastgeber, Müll jeder Art zu sammeln. Müll ist ja nicht gleich Müll, und man weiß ja nie, wofür man ein Stück Plastikplane, Draht, rostiges Eisen, Maschinenteile oder andere Überbleibsel aller Art noch brauchen kann. Was für den Rucksacktouristen nur Müll ist, kann für die einheimischen Hirten wertvoll sein. Also sammelt und lagert man es im Dachboden, im Stall, hinterm Haus. Oft in großen Haufen. Auch Plastiksäcke und Holz liegen dort. Bis alles verrottet. Falls es verrottet. Je verlorener die Einödhöfe oder Almhütten in den Tälern liegen, desto größer die Vorratslager an Überflüssigem. Brauchbar ist zuletzt ja weder der Müll hinterm Haus noch der vergammelte Leiterwagen aus dem vorletzten Jahrhundert. Wie sollte man das alles aber auch entsorgen? Denn im Laufe der Jahrhunderte kommt da einiges zusammen, was man nur weglegen, nicht aber gleich wegwerfen will. Die Städter sind da anders, sind sie doch rein wirtschaftlich gezwungen, ihren Müll zu entsorgen. Schließlich kostet das Lagern in Kellern, Garagen oder Kleinwohnungen auf Dauer erheblich mehr, als die Müllsteuer ausmacht. Ein kaputtes Auto muß also der Neuanschaffung Platz machen. Anders am Bauernhof: Oft stehen da Fahrzeugwracks aus fünf Jahrzehnten im Hinterhof. Daneben noch Windmühlen, Dreschvorrichtungen, Webstühle – lauter Relikte aus einer vergangenen Zeit. Weshalb Touristen solche Maschinenfriedhöfe oft bestaunen wie Antiquitäten. Vielleicht auch, weil sie die Müllhalde beim Hof mit dem lokalen Heimatmuseum verwechseln.

Mich machen solche Erfahrungen traurig. Vielleicht weil sie mir die Vergänglichkeit dieser einmaligen Bergbauernkultur vorführen. Daß der Zusammenprall einer archaischen mit der industriellen Welt zu Verwerfungen führt, ist eine Sache, daß aber das ursprüngliche Bergbauerntum verdrängt wird, eine andere. Dabei geht Know-how verloren, das in vielen Jahrhunderten gesammelt worden ist: die Bauern früher waren in der Lage, ihre Nahrungsmittel, Kleider und Behausungen selbst herzustellen. In wohlorganisierter Nachbarschaftshilfe bauten sie mit Materialien vom Ort – Holz, Stein, Lehm, Kalk – Feuer- und Futterhäuser. Sie entwickelten dabei einen lokalen Baustil, der heute noch unser Landschaftsbild prägt. Auch die Heizung – Lehm- oder Kachelöfen – war Eigenproduktion und wurde mit Holz und Reisig aus dem eigenen Wald betrieben. Die allermeisten Güter sowie auch Dienstleistungen wurden im Tausch weitergegeben, und so kam Geldwirtschaft bei uns am Berg kaum vor. Diese Lebensform, für die ich viel Sympathie aufbringe und die Städter nicht ungern idealisieren, birgt einen großen Schatz an Wissen, der nicht für immer verlorengehen darf. In Notzeiten müssen wir darauf zurückgreifen können. Ein Hof ernährt dann so viele Menschen, wie darauf zu arbeiten bereit sind, und gibt Sicherheit, die kein anderes Lebensmodell bieten kann. Als wäre die Vergänglichkeit aufgehoben. Instinktiv wissen wir ja alle, daß unser Höfegesetz ein Segen ist und das Selbstversorgerdasein viele Lebensängste aufhebt.

Welche Frau aber will heute noch einen Bergbauern heiraten? Am wenigsten sind es die Mädchen vom Berg, die oben bleiben wollen. Verständlicherweise, denn die nachhaltige Lebensform des Selbstversorgens schränkt Freizügigkeit und Muße ein. Bauer und Bäuerin sowie ihre Helfer werden zu Gefangenen der eigenen Hofstelle, wo Tag für Tag, morgens und abends Tiere zu versorgen und Felder zu bestellen sind. Im jahreszeitlichen Rhythmus müssen jeweils ganz bestimmte Arbeiten erledigt werden, freie Zeit bleibt kaum. Der Bergbauer, den viele Gäste bei uns in Südtirol beneiden um sein »gesundes Dasein«, kennt weder Urlaub noch Krankenstand. Weniger noch die Bäuerin, die heute vielfach den Hof macht, während der Bauer in Lohnarbeit steht, um den Hof erhalten zu können. Sie und die ihren sind Teil eines Kreislaufes geworden, der zwar nur sich selbst erhalten kann und soll, die Geldwirtschaft aber hat auch den Bergbauern ungute Rahmenbedingungen aufgezwungen. Unter denkbar schlechten Voraussetzungen und so engen Spielräumen in der Viehwirtschaft, daß Bauersein keine Freude mehr macht. Denn wenn ein Bauer mehr Mittel für Bürokratie, Maschinen und Subventionsgesuche aufbringen muß, als der Hof abwirft, stellt sich jene Sinnfrage, die jahrhundertelang aufgehoben war. Der Bergbauer war, wie der Dichter Konrad Norbert Kaser schrieb, als »Kleinfürst auf Kuhmist« in der Summe der Herr im Land. Heute ist er ein Spielball in den Händen jener Bürokraten, die ihn einmal als Landschaftspfleger und dann als Subventionsempfänger benutzen oder gängeln.

VIII

Lonely Lady

»Wer sein Leben lang Auto fuhr, muß zwar viele Kilometer zurückgelegt, aber nicht unbedingt viel erfahren haben.«
Helmut Lamprecht

Unwetter in Südtirol

Weder starke Erdbeben noch Wirbelstürme haben wir Südtiroler zu befürchten. Das ist erfreulich in einer Welt der zunehmenden Katastrophen. Wegen der schneearmen Winter sind auch Lawinen, die früher ganze Dörfer verschüttet haben, unwahrscheinlich, und gegen Wildwasser sind wir gewappnet. Eine große Gefahr bleiben Erdrutsche bei anhaltendem starken Regen und Steinschlag auf den allerorten exponierten Straßen und Wegen, die durch schluchtartige Täler führen. Vor allem wenn der Permafrost auftaut oder unterirdische Gletscherseen ausbrechen, drohen Gefahr und Verwüstung. Das Land hat im letzten Jahrzehnt sehr viel getan für die Sicherheit der Bergstraßen, trotzdem bleiben Gefahren.

Die wochenlangen Regenfälle im Herbst 2000 zum Beispiel haben auch in Südtirol zu dramatischen Situationen und großen Schäden geführt. Auch in diesem

Extremfall hat das Risikomanagement bestens funktioniert. Ungezählte, großteils freiwillige Helfer haben vorbildliche Arbeit geleistet. Denn wir haben einen leistungsstarken Katastrophenschutz und Leute an der Spitze von Feuerwehr, Bergrettung, Forstbehörde, Wildbachverbauung, die ihr Handwerk verstehen.

Zwei Schlußfolgerungen sollten aus den Unwetter-Erfahrungen gezogen werden. Da ein Großteil der kleineren Erdrutsche, »Füchse« genannt, in meliorierten Feldern zu sehen und Feldwege häufig der Grund für die Unterspülung des Bodens sind, sollte in Zukunft bei Meliorierungsarbeiten sparsamer und mit viel mehr Vorsicht geplant und gearbeitet werden als bisher. Natürlich steht allen entlegenen Berghöfen und beschickten Almen eine Zufahrt zu. Alle Straßenprojekte aber müssen immer auch auf ihre möglichen Fernschäden geprüft werden. Sollten die Geologen keine sichere Trasse finden, sind Zufahrtswege unverantwortlich. Auf lange Sicht ist den Bergbauern in Ausnahmefällen mit Bergbahnen und Investitionshilfen für nachhaltigen Tourismus mehr gedient als mit Wegen oder Straßen, die immer wieder abrutschen.

Südtirol ist, obwohl die Infrastrukturen im Gebirge viel teurer sind als in der Ebene, gut erschlossen. Das Landschaftsbild ist zwar nicht mit dem von vor hundert Jahren zu vergleichen, aber immer noch südtiroltypisch. Die großen Veränderungen in diesem Zusammenhang hängen mit dem Aufkommen von Monokulturen, der Bauwut an den Dorfrändern und leerstehenden Bauruinen am Rande der Durchgangsstraßen zusammen. Weniger mit dem kapillaren Wegenetz, das es vielen Bergbauern erlaubt, oben zu bleiben. Dieses nutzen auch all jene, um dorthin zu kommen, wo sie ihre Ferienwochen verbringen.

Allerdings wird Tourismus dort erst effizient, wo der Verkehr zum Stillstand kommt. Denn die Erholung beginnt, wenn die Fahrt aufhört. Also müßten Reisende und Bereiste gleiche Interessen haben.

Warum nur, frage ich mich, stehen wir auch im Urlaub dauernd im Stau? Aus kollektiver Dummheit oder gar aus der Lust heraus, gemeinsam zu schimpfen? Über die Staus, die wir selbst verursachen. Als wäre der Pkw ein Gerät, ohne das ein Leben unvorstellbar ist. Auch und vor allem im Urlaub.

IX

Ein Huhn in heroischer Landschaft

»Würde mich jemand fragen, was für mein Schreiben wichtig ist, müßte ich mit einem Wunsch antworten: Geheimnis.

Manchmal scheint mir Heimat das Gegenteil davon zu sein, und manchmal weiß ich, daß ich nichts so wenig kenne wie sie, und was ich von ihr zu kennen glaube, stößt mich ab oder schließt mich aus. Manchmal tröste ich mich, denke ich: Heimat war ein Irrtum, den ich nicht vermeiden konnte, aber meistens denke ich: Heimat ist mein geliebtes Unglück.«

Joseph Zoderer, A propos Heimat

Heroische Landschaft

In einem Land, in dem Zurückhaltung als die richtige Haltung angesehen wird, in einem gemischtsprachigen Land, in dem es lieber keine gemischte Gesellschaft geben soll, ist es schwierig, zu einer echten Konfliktkultur zu kommen. In diesem Land, in dem wichtige Entscheidungen hinsichtlich Kunst, Kultur, Richter- und Chefredakteurposten, Expertenleistungen und Auszeichnungen von den immergleichen Seilschaften getroffen werden, bedeuten Stromlinienförmigkeit und Demut mehr als Kreativität. Umgekehrt ist Zivilcourage wenig gefragt. Wer sich nicht offen zum Südtiroler Provinz-Nationalismus bekennt, ist verdächtig. Jedes interethnische Konzept wird skeptisch beäugt, gar verteufelt, alles Trennende zwischen den Sprachgruppen gefördert, im Ausland aber gleichzeitig mit dem »Modell Südtirol« geprahlt! Was für eine Scheinheiligkeit! Im eigenen Land soll es die selbstbestimmten Südtiroler nicht geben. Als beleidigten sie geradezu allein durch ihre Existenz das Südtiroler Volk.

Da es uns aber seit Jahren so gut geht wie nie zuvor und viel besser als unsere Nachbarn, haben wir ja alle Voraussetzungen für Besserwisserei und Rechthaberei. Aber so richtig zufrieden sind viele erst, wenn sie zudem auch noch unzufrieden sein können. Und wenn es sonst nichts zu jammern gibt, klagen sie über die jeweils anderen. Dabei ist die Frage, wie »deutsch«, »italienisch«, »ladinisch« oder »anders« wir sind, verständigungsfeindlich. Das Zusammenleben jedenfalls fördert sie nicht.

Wie selbstverständlich wir als Südtiroler europäisch, gebildet, politisch aktiv, kreativ sind, wäre die Frage, denn davon hängt es ab, wie erneuerungsfähig unsere Gesellschaft bleibt. Über Erfolge oder Mißerfolge unseres viel gerühmten Autonomiemodells werden am Ende weder Proporz noch Geld allein entscheiden, sondern die Bereitschaft aller Bürger, Brücken zu bauen, Mauern zu überspringen, Grenzen in den Köpfen abzubauen.

Heimat ist für mich nicht nur Geborgenheit, der vertraute Lebensraum, Überschaubarkeit, also auch Provinz – Heimat hat zu tun mit Engagement, gemeinsamer Verantwortung. Heimat ist der Platz, von dem aus wir dazugehören – zu Europa, zur Welt.

Ich bin persönlich für ein Südtirol als Summe der Kulturen, auch als Schmelztiegel der Ideen sowie als Brücke zwischen Nord und Süd, jung und alt, EU und Nationalstaat. Für mich ist dabei die ausgebeutete Natur nicht Ersatz für das ausgebeutete Proletariat – ich komme weder von links noch von rechts, ich komme vom Berg, und meine Übersicht beruht auf Erfahrung. Sogar Religion ist für mich ein Phänomen der Menschennatur. Sie entspringt keiner Theorie. Ja, mir geht es um den Überblick, diese Art Zusammenschau, um Lebensqualität, um die Lebensqualität aller, auch des einzelnen, des Ganzen.

Südtirol als Experimentierfeld, als Multikulturraum, als Brücke zwischen zwei großen Sprach- und Kulturräumen bleibt unsere Herausforderung. Dazu gehört auch die Toponomastik, zu deren Problematik in Südtirol nicht nur Lösungsvorschläge, sondern endlich eine Regelung erarbeitet werden muß. Es geht nicht an, daß auf internationalen Landkarten, im Internet oder im Prospekt in Schweden nur italienische Ortsbezeichnungen zu finden sind. Sie stiften Verwirrung. Wir müssen und dürfen auch in die Zukunft gestalten. Orts-, Flur-, Berg- und Gewässernamen gehören zu unserem Selbstverständnis, jeweils in der Sprache der Volksgruppe, die sie kennt. Es gibt also die kulturelle Vielfalt zu verzahnen und so jenes jeweils andere Südtirol mitzutragen, das uns zuletzt alle trägt.

Das Ödland als Wildnis allerdings gibt es nicht mehr. Auch als Ideal gehört sie nicht mehr dazu. Die Wildnis gehört nicht zu Europa. Oder nicht mehr. Wildnis paßt in die Arktis, Antarktis, in die Gobi und in den Himalaja – vielleicht auch zum Westen der USA, von wo die Wildnisphilosophie ja auch herkommt. In Mitteleuropa gibt es nichts mehr davon. Hier geht es um Kulturlandschaften, die bewohnbar bleiben müssen – auch noch in tausend und mehr Jahren.

Ich habe grundsätzlich nichts gegen unsere dynamische Autonomie, die erst die Regierung Luis Durnwalder zum wirtschaftlichen Erfolgsmodell gemacht hat, mit einer effizienten Verwaltung und unter Einbeziehung unserer Ressourcen. Trotzdem dürfen und müssen wir gemeinsam weiter für ein zukunftsfähiges Südtirol streiten. Um Rahmenbedingungen, die EU-kompatibel und gleichzeitig unseren Gegebenheiten angepaßt sind. Sie müssen auch allen Bürgern hier gerecht werden. Wie oft schon sage ich dasselbe: Für mehr Wettbewerb der Ideen, für mehr Transparenz und gegen Medienmonopol und Machtkonzentration gilt es immer wieder einzustehen. Die Summe der drei Kulturen macht uns stark. Also Vielfalt, nicht Einfalt. Das hat nichts mit Mischkultur zu tun. Es ist an der Zeit, uns als Südtiroler eine gemeinsame europäische Identität zu erarbeiten, unsere gemeinsame Geschichte zu schreiben, um dann die gemeinsam getragene Vision über einen gemeinsamen Weg in eine gemeinsame Zukunft zu tragen. Ohne daß wir uns aneinander anpassen müssen.

Nach einem knappen Jahrhundert des Auseinanderdividierens hat das Jahrhundert des Summierens begonnen: in der Summe all unserer Eigenheiten, als demokratische Individualisten nur sind wir stark.

X

Schloßgeist

»Gott gab für groß Erdenpein ein gutes Weib, Gesang und Wein.«
Türspruch in Schloß Juval, Südtirol 1548

Wein, Weib und Gesang

Es gibt eine Reihe berühmter Kurorte in Südtirol: Dorf Tirol, Schluderns, Meran, Völs, Marling, um nur einige zu nennen. Darunter sind Luftkurorte, Wasserkurorte, Weintraubenkurorte – leider kurt kaum noch jemand. Denn heute inszeniert man seinen Urlaub. Mit Bergläufen, Kolonnenfahren oder Abseilmanövern an Hotelfassaden, die nicht selten an Kasernen oder Irrenhäuser erinnern. Oder auch an die Türmchen-Architektur von König Ludwig II.

Endlich an seiner übers Netz gebuchten Destination angekommen, täuscht man Fluchten oder Ausbrüche vor, um am Abend beim Verzehr schwerer Speisen das Zurücksein zu feiern. Denn Touristen sind heute ständig aktiv. Als ob sie die Kur schon hinter sich hätten. Auch Wellness gehört immer dazu. Unsere Touristiker reagieren auf die Nachfrage: mit Lüftlmalerei und Stadelarchitektur, Wellnessoase und Hochseilparcour. Steht der Tourismus heute doch in einem weltweiten Wettbewerb.

Mit der Einführung des Euro und der Globalisierung stehen wir am Beginn eines Umbruchprozesses. Dabei ist die Globalisierung im Sektor Tourismus seit Jahren voll im Gange. Ob uns das gefällt oder nicht, es ändert nichts an dieser Tatsache. Die Gäste profitieren davon. Die Touristiker aber merken es stärker als die Gäste, und sie reagieren oft hektisch. Denn wie immer bei tiefgreifenden Veränderungen entsteht Unruhe. Die Globalisierung mag die Welt noch viel dramatischer verändern, als viele ahnen − sie geht viel schneller vor sich als die industrielle Revolution vor hundert Jahren − doch ihr das typisch Südtirolerische zu opfern, wäre falsch.

Wie im Rest von Europa sind also auch die Südtiroler Wirtschaft und der Tourismus im Umbruch. Die Veränderung geht so chaotisch vonstatten und ist so vielschichtig, daß es auch für Insider schwer ist, ihr zu folgen. Die Zeiten des Erfolges dank galoppierender Inflation sind jedenfalls endgültig vorbei. Vor allem im Tourismus.

Sicher scheint eines: Wer sich dieser Veränderung zu entziehen versucht, geht unter. Das gilt nicht nur für den einzelnen Hotelier, das gilt für das ganze Land. Und Südtirol als eine klar definierte Region in Europa kann seine Chancen im Tourismus nur als Ganzes wahren und nutzen.

So wie Arbeitsmärkte heute mit wenigen Ausnahmen über das Angebot von Qualifikation, Kreativität,

Entschlossenheit und Schnelligkeit in der Umsetzung von Visionen definiert werden und nicht mehr über Regionen, sind für Tourismusdestinationen Naturressourcen, Kulturerbe, Bildung, unverwechselbare Lebensformen und nicht zuletzt eine intakte Verkehrsinfrastruktur Voraussetzung für nachhaltigen Erfolg.

Mit der Globalisierung aber verändern sich nicht nur die Märkte, sondern auch die Rahmenbedingungen. Mit der Addition regionaler, nationaler, europäischer Regeln, denen wir in Südtirol ausgeliefert sind, tun wir uns besonders schwer, unsere Möglichkeiten auszuschöpfen, ohne den Anschluß zu verlieren. Wir leiden unter einer Überregulierung. Wie sollen wir aus unserem Provinzialismus herauskommen, ohne ihn zu verraten?

Wir Touristiker in Südtirol müssen uns endlich auf unsere eigenen Stärken besinnen und alle protektionistischen Einflüsse abschütteln. Wir sollten es freiwillig tun. Um zu einem verdienten Selbstverständnis zu kommen, müssen wir unsere Eigenheiten im Weltmarkt unterstreichen. Das heißt, wir Südtiroler dürfen wir bleiben und trotzdem im weltweiten Spiel um Märkte und Ideen mitspielen. Wir sind Südtiroler und Europäer, und für Europa heißt Globalisierung zuerst einmal Europäisierung und zugleich Regionalisierung. Und genau darin steckt unsere Potenz. Neues kommt im Tourismus nicht aus der Gleichmacherei. Neue Möglichkeiten entstehen vor allem mit dem Aufwerten vergessener Werte sowie aus dem Wettbewerb der Ideen heraus.

Der Tourismus in Europa basiert vor allem auf der Summe vieler verschiedener regionaler Eigenheiten, auf einer pluralistischen Gesellschaft. Aus der Verschiedenartigkeit der Nachfrage und einem vielfältigen Angebot auf engem Raum gilt es das Flair von Südtirol zu unterstreichen.

Eines steht fest: Kaum eine andere Gegend hat bessere Voraussetzungen für einen hochwertigen Tourismus. Denn zu den Naturphänomenen in unserem Lande kommt der große Reichtum an Kulturdenkmälern, unsere Mehrsprachigkeit, *l'arte del vivere* und das Sich-bescheiden-Können der Bergmenschen. Gepaart mit Bildung, Freude an der Dienstleistung und unternehmerischem Mut sind die Voraussetzungen für Qualitätstourismus in Südtirol unterstrichen. Wir dürfen unser Land nicht zum Rummelplatz machen, sondern sollten solche Gäste einladen, die Wert auf Ruhe, Kultur, Gemütlichkeit, erhabene Landschaftsbilder und bodenständige südliche Küche legen. Mit einer Reihe von erstklassigen Museen hat Südtirol heute auch einen kulturellen Stellenwert, und mit dem Mountain Museum haben wir zum Thema Berg einiges zu bieten.

Die Entwicklung neuer Transportmittel für Information und Personen über weite Entfernungen hat dazu geführt, daß alle irdischen Distanzen überwindbar geworden sind. Nutzen wir diese Infrastruktur, und schützen wir unseren Raum im kleinen Südtirol vor Übererschließung. Fremdenverkehr wird dort effizient, wo der Gast zur Ruhe kommt!

Wir Südtiroler haben zuallererst ein Privileg: Das ist

dieses Land. Denn Werte wie Ruhe, Gemütlichkeit, Naturwunder sind weltweit im Schwinden. Bildung, Wissen, Mehrsprachigkeit, pfiffige Köpfe haben auch andere. Auch bei der Dienstleistung gibt es keinen naturgegebenen Vorsprung. Den Servilismus, den uns Heinrich Heine unterstellt hat, dürfen wir mit Freude am Gast umbenennen in Aufmerksamkeit. Mit einem soliden Heimatmarkt und globaler Wettbewerbsfähigkeit ist Südtirol als Tourismus-Destination unschlagbar. Globalisierung muß im Südtirol-Tourismus also einhergehen mit Regionalisierung. Was uns mit den Südtiroler Weinen gelungen ist – viele kleine Produzenten, die um die beste Qualität wetteifern, haben zu zahlreichen Spitzenweinen geführt –, darf als Vorbild auch im Tourismus dienen. Das Leadership im Bergtourismus muß unser Ziel sein.

XI

Zwei Bergsteiger

»Jede Region in unserer globalisierten Welt braucht eine besondere Identifikation, in der Schweiz sind es z. B. die Uhren und in Holland die Tulpen. In Südtirol haben wir einen Wert, den wir nicht richtig erkennen: Das Thema Berg. Bozen ist die einzige Provinzhauptstadt, die zwischen dem Alpenhauptkamm und den Dolomiten liegt, wir haben die weltbesten Alpinisten, die erste Bergseilbahn, den Ötzi, in Zukunft auch das Messner Mountain Museum [...] ein großes Potential, um Bozen als Berghauptstadt zu positionieren.«
Heiner Oberrauch, Salewa

Das Erbe der Berge

Seit fünfzehn Jahren wächst in Südtirol eine starke Museenlandschaft heran: das Ötzi-Museum in Bozen, das Touriseum und vor allem die Gärten von Trautmannsdorff bei Meran, dazu eine Reihe von Themenparks und Fachmuseen, um nur einige zu nennen. Ich selbst gestalte ein Bergmuseum, das Messner Mountain Museum.

Nach meiner Zeit als Felskletterer, Höhenbergsteiger, Grenzgänger, Forscher und Politiker bin ich nun dabei, mein Erbe einzubringen. Damit meine ich nicht mein Vermögen, das ich immer wieder in Taten investiert habe, sondern es geht mir um Erfahrungen, Emotionen, Geschichten, die in der Summe die Geschichte des Bergsteigens ausmachen. Das meiste verdanke ich dabei meinen Kameraden, die mir ihre Erfahrungen überlassen haben. Auch Reliquien, die zusammen mit bildender Kunst sowie starken Aussagen erzählen, was in uns Menschen passiert, wenn wir dem Berg begegnen.

Mein MMM (Messner Mountain Museum) ist also kein Naturkunde-Museum, auch kein Kunstmuseum, der Berg lebt darin als Medium. Mir geht es um die Hoffnungslosigkeit, Ängste, Wiedergeburtsgefühle, die wir beim Bergsteigen erleben. Nicht das, was der Alpinismus – inzwischen eine weltweite Bewegung – an Wissen über die Berge angehäuft hat, ist mein Thema. Es geht um die Erfahrung nach innen, die Eroberung jener weißen Flecken in uns, die beim Blick in die Tiefe, in der Todeszone der Achttausender oder beim Sich-verlieren in der Natur aufbrechen. Die Entwicklung des Bergsteigens – Eroberungsalpinismus, Schwierigkeitsalpinismus, Heroischer Alpinismus, Verzichtsalpinismus, Pistenalpinismus – wird so zwar auch nachvollziehbar, als Lebensäußerung zwischen Romantik und Massentourismus, die erlebte Geschichte ist jedoch mehr.

Weil es schwierig war, meine Vision von einem modernen Berg-Museum in meiner Heimat Südtirol durchzusetzen, und weil ich ohne Subventionen operieren muß, schien das Projekt öfter zu scheitern. Trotz allem und weil ich mich gegen viele Widerstände zu wehren wußte, ist eine Museumsstruktur entstanden, die bisher fünf Häuser umfaßt und eine Gesamtsicht auf den Alpinismus vermittelt, der 1786 mit der Besteigung des Mont Blanc begann und sich weiterentwickeln wird. Wie das MMM auch.

Im MMM Firmian bei Bozen schlägt das kreative

Herz der Gesamtanlage. In den Festungsmauern von Schloß Sigmundskron sind neben regelmäßigen Wechselausstellungen eine ausgedehnte Dauerausstellung sowie Vorträge, Filmtage, Theater und Konzerte zum Thema Berg zu sehen und zu hören. Im MMM Juval erzähle ich über die heiligen Berge. Das MMM Dolomites, fast 2200 m hoch inmitten der Dolomiten gelegen, ist dem Felsklettern gewidmet, im MMM Ortles geht es ums Eis. Ein letzter Ableger wird den Bergvölkern gewidmet sein.

Indem ich die einzelnen Themen dorthin stelle, wo die Umgebung sie trägt, wird klar, daß die Bergkultur neben der heute bestimmenden Stadtkultur fortbesteht. Berge haben allen etwas zu sagen, auch jenen, die nie etwas Höheres bestiegen haben als einen Barhocker.

Unmittelbar im Südwesten von Bozen erheben sich drei Hügel: der Kaiserberg, der Müllberg und dazwischen auf einem Felsen thronend Schloß Sigmundskron. Diese Festung, die seit einem halben Jahrtausend verfällt, hat das Land Südtirol erworben, minimalistisch saniert und mit einem Wettbewerb zur Nutzung freigegeben. Sie bildet das Zentrum meines Bergmuseums. »Der verzauberte Berg« in Sigmundskron bei Bozen ist also das Herzstück des MMM.

In den alten Mauern, ergänzt durch eine moderne Struktur aus Glas und Stahl, die der junge Architekt Werner Tscholl gestaltet hat, erzähle ich von der Bedeutung der Berge für die Menschen, zeige Religionsstifter und die Übersicht, die von oben kommen, erkläre die alpine Geschichte sowie die Entstehung und Verwitterung der Gebirge. Viele Bilder zeigen die berühmtesten Gipfel, und auf dem »Tanzplatz der Götter« stehen geheimnisvolle Figuren aus allen Gebirgen der Erde. Der Berg kann Menschen verzaubern, und das ist es, was im Messner Mountain Museum Firmian zu spüren ist. Mit diesem »verzauberten Berg« habe ich das Thema Berg auch kulturell besetzt, und Südtirol, das »Land an der Etsch und im Gebirge«, besitzt eine touristische Attraktion mehr.

In meiner Burg Juval habe ich alles zum Thema Mythos Berg untergebracht. Den Heiligen Bergen widme ich heute meine besondere Aufmerksamkeit. Es faszinieren mich jene Gipfel, die für die lokale Bevölkerung Schlüsselberge sind: der Kailash in Tibet, der Fujiama in Japan oder der Ayers Rock in Australien.

Die Burganlage Juval, auf einem prähistorischen Platz, wurde von Hugo von Montalban um 1278 erbaut. 1368 zählte sie zum Besitz der Herren von Starkenberg und 1540, nach mehrmaligem Besitzwechsel, erwarb sie die Familie Sinkmoser. Damit erreichte sie ihre Blütezeit. Sie fiel dann dem Geschlecht der Hendl zu, die sie 1813 an den Bauern Josef Blaas verkauften. Die Burg verfiel. 1913 kaufte sie der holländische Kolonialherr William Rowland und sanierte sie vorbildlich. Seit 1983 ist sie mein Wohnsitz. Ich habe hier mehrere Kunstsammlungen untergebracht: eine umfangreiche Tibetica-Sammlung, eine Bergbildgalerie und eine Maskensammlung aus fünf Kontinenten.

Das dazugehörende Weingut »Unterortl« und der Biohof »Oberortl« (mit Urlaub am Bauernhof), wo hofeigene Produkte im »Schloßwirt« angeboten werden, sind Teil eines Gesamtkonzeptes, das sich ein Erhalten und Beleben dieser kleinräumigen Südtiroler Kulturlandschaft zur Aufgabe gemacht hat.

Juval, ein steiler Bergrücken zwischen dem sonnigen Vinschgau und der Schlucht zum Schnalstal mit den Ötztaler Gletschern, gehört zur Gemeinde Kastelbell. Die ehemalige Burganlage, heute Schloß, ist nun Museum. Allein die Anlage, die wie ein Adlerhorst auf einem Felsvorsprung steht, mit Fresken von B. Till Riemenschneider, ist sehenswert. Die einmalige Ausstellung zu Gesar Ling, der Tantra-Raum, der Expeditionskeller, eine Maskensammlung und Elemente zum Animismus sowie die Bergbilder im ehemaligen Bergfried, werden von geschulten Führern erklärt. Schloß Juval verlassen alle mit starken Eindrücken.

Dazu gibt es einen Bergtierpark, im Schloßwirt auf Oberortl hofeigene Produkte und vier Ferienwohnungen, im Unterortlhof exzellente Weine und am Fuß des Burghügels einen Bauernladen, der das Beste aus dem Vinschgau anbietet.

Juval ist der Versuch, lokale und exotische Kultur, bodenständige Landwirtschaft und Tourismus miteinander zu verzahnen. Ein Ausflug nach Juval ist ein Tageserlebnis und lohnt sich immer.

Der einzige Ableger des MMM, der nicht auf Südtiroler Boden liegt, ist das Museum zum Thema Fels. In der

Heimat kam ich damit nicht an. Trotzdem eröffnete ich pünktlich zum »Jahr der Berge«, zu dem die UNO das Jahr 2002 ausgerufen hatte, das Museum Dolomites auf dem Monte Rite im Cadore, mitten im Herz der Dolomiten. Le Corbusier, der einmal sagte, die Dolomiten sind die schönsten Berge der Welt, ist nie auf dem Monte Rite gewesen. Sonst hätte er hinzugefügt: »Wer den Monte Rite nicht kennt, kennt den schönsten Blick auf die Dolomiten nicht.« Das 360-Grad-Panorama mit Agnèr, Monte Pelmo, Civetta, Marmolada, Monte Cristallo, Antelao, Zinnen, Tofane, Rocchette, Lagazuoi – 1000 und ein Gipfel – kann nur Staunen auslösen.

Auf dem 2181 m hohen Plateau steht ein altes Fort, das 1912–1914 von den Italienern gegen die Truppen von »Cecco Beppe«, dem österreichischen Kaiser Franz Josef, errichtet worden ist. Dann kam der Erste Weltkrieg. 1917 besetzten Österreicher den Monte Rite, 1918 mußten sie abziehen, nicht ohne vorher große Teile des Forts zu sprengen. Im Zweiten Weltkrieg hausten Partisanen in den Ruinen, und dann begann ein langer Dornröschenschlaf. 1998 entdeckte ich den Monte Rite neu. In nur vier Jahren realisierten die Gemeinde von Cibiana di Cadore, die Region Veneto und ich in absolut unitalienischer Art und Geschwindigkeit ein Museumsprojekt, das seinesgleichen sucht: das »Museum in den Wolken«.

In der mustergültig renovierten ehemaligen Festung, der »Ex Batteria«, und in zwanzig Kammern wird Stück für Stück die Dolomitengeschichte erzählt. Die Nebenräume gleichen Seitenaltären eines Kirchenschiffs. Und wirklich beherbergen sie Reliquien, Erinnerungsstücke an jene Kletterer, die mit ihren Erstbegehungen alpine Geschichte geschrieben haben: Innerkofler, Dibona, Bettega, Haupt. Comici mit dem Sechsten Grad und die Helden der Direttissima: Lothar Brandler und »Moderne Zeiten«.

Aber das Museum Dolomites beherbergt vor allem Kunst. Dolomitendarstellungen, von Thomas Ender über ET Compton bis zu Stephan Huber, dessen gipsweiße Bergskulpturen wie erratische Blöcke im »Hauptschiff« stehen. Zwischen den Gemälden sind Fenster, die einen spektakulären Blick auf die Gipfel draußen erlauben, »echte Bilder«. Und noch eine Reliquie gibt es, älter als alle anderen: Schädel und Pfoten der legendären Höhlenbären von Conturines.

Eine Sonderausstellung war dem Mann gewidmet, dem die Dolomiten ihren Namen verdanken, dem französischen Naturforscher und Abenteurer Déodat Gratet de Dolomieu, ein Zeitgenosse Goethes. Auch in kommenden Jahren wird es Sonderausstellungen geben. Mein Ziel ist es, das Museum Dolomites zu einem kulturellen Treffpunkt zu machen, der Geographie, Geologie und Geschichte der Dolomiten lebendig mit einbezieht und so auch einem internationalen Publikum nahebringt. Die verlassenen Almen an den Hängen des Monte Rite werden wiederbelebt, beweidet von einer Herde von Yaks aus dem Himalaja. Ein botanischer Lehrpfad ist angelegt und begehbar.

Das Museum Dolomites auf dem Monte Rite hoch über Cibiana ist von Venedig über die Autobahn in ca.

zwei Stunden zu erreichen, von Cortina d'Ampezzo aus in ca. vierzig Minuten. Parkmöglichkeiten gibt es am »Passo di Cibiana« in Höhe des Rifugio. Von dort ist das »Museum in den Wolken« auf der alten Schotterstraße zu Fuß bequem in ca. zwei Stunden, mit dem Shuttle-Bus in etwa fünfzehn Minuten zu erreichen.

Das ideale Basislager aber bietet die Gemeinde Cibiana mit ihren sehenswerten Murales und mit ihrem unverwüstlichem Einfallsreichtum. Ich will dem 600-Seelen-Dorf, das unter Abwanderungsproblemen litt, neue Impulse geben.

Das Eismuseum liegt wirklich »im End der Welt«. Als dritten Satelliten zu meiner Museums-Vision habe ich in Sulden am Ortler, in enger Zusammenarbeit mit dem Architekten Arnold Gapp, das Eismuseum gestaltet. Es liegt unmittelbar hinter dem Bauernhof »Yak und Yeti« und unter dem Ferner, den die Suldner »Im Ende der Welt« nennen. Anläßlich der 200-Jahr-Feierlichkeiten zur Erstbesteigung des Ortler 1804 ist dieses Museum dem »Schrecken des Eises und der Finsternis« gewidmet worden. Die Ortlergruppe, die dabei als Symbol für alle Gletscherberge steht, ist in einem eigenen Raum dargestellt. Ich will ja auch daran erinnern, wieviel eine einzige Pioniertat zur Entwicklung des lokalen Fremdenverkehrs beigetragen hat.

»Der höchste Spitz in Tirol« von einst wird seit einem guten Jahrhundert als »König Ortler« gepriesen. Ist es nun seine Höhe, die kühne Form der spitz zulaufenden Grate oder die frühe Besteigung – der Ortler spielt eine herausragende Rolle unter den großen Alpengipfeln. Seine hellen Firnfelder, die vom Stilfser Joch aus begeistern, die umliegenden Gipfel mit der Königsspitze als »schönstem Eisberg der Ostalpen« und nicht zuletzt die vielen künstlerischen Darstellungen haben den Ortler berühmt gemacht. Darunter liegt Sulden, das höchste Bergdorf und der berühmteste Skiort von Südtirol. Unmittelbar unter den Eisfeldern und Sêracs des Ortler gelegen, ist MMM Ortles der ideale Ort für die Vertiefung in das Thema Eis.

Unterirdisch angelegt, ist dieses Museum wie eine Grotte. Skilauf, Eisklettern und Polfahrten sind hier thematisiert. Ich erzähle von »Schneemenschen« und »Schneelöwen«, vom »White Out« und dem »dritten Pol«. Die weltweit größte Sammlung von Ortler-Bildern ist zu sehen – sowie Eisgeräte aus zwei Jahrhunderten. Der Besucher geht förmlich in den Berg hinein. Drinnen kann man sich ein Bild machen von Eisgebirgen, Arktis und Antarktis, von der Kraft der Lawinen und der Mühe der Künstler, Eis darzustellen. Draußen ist das Eis real, und daneben im »Yak und Yeti« gibt es neben Südtiroler Küche auch Momos, ein Gericht aus dem Schneeland Himalaja.

Im MMM Ortles zeige ich zuallererst Bilder vom Eis. Von der Schneeflocke bis zur 4000 m dicken Kalotte der Antarktis, eine Lawine und das Eismeer, Firnfelder und Eisbrüche. Julius Payer, Alpinist, Eisfahrer und Künstler, tritt dazu als Vermittler auf. So wie Christoph Ransmayr auch, der mit seinem großartigen Roman »Die Schrecken des Eises und der Finsternis« anregt, zu hinterfragen, was aus unseren Abenteuern und den Orten, an denen sie stattfanden, geworden ist.

Künstler, die etwas zu sagen haben, bekommen bei mir eine Mittlerrolle, ohne daß ich ihre Arbeiten weiter kommentieren will. Ich stelle ihre Kunstwerke in einen Kontext mit anderen, und damit entsteht ein Ambiente, das aufregt, ängstigt und staunen läßt. Wie die Berge auch. Im MMM Ortles hören wir das Knacken des Eises und das Donnern einer Lawine sowie die Stille jenseits aller Skizentren.

XII

Ein Wildschütz

»Südtirols Zukunft liegt in der Europäischen Union. Südtirol ist fest integriert in den Prozeß der Europäischen Einigung. Südtirol braucht jetzt mehr Mitsprache, Freiheit und Demokratie nach innen.

Die Rahmenbedingungen für die Politik in Südtirol haben sich gerade durch Europa nachhaltig verbessert: Abbau der Grenzen, eine gemeinsame Währung, die grenzüberwindende, Länder übergreifende Zusammenarbeit wie etwa in der Europaregion oder die Durchsetzung des Konzeptes der Dynamischen Autonomie dem Staate gegenüber.«

Hubert Frasnelli

Spaghetti und Speckknödel

Wie oft werden »Natur« und »Heimat« zur politischen Propaganda. Auch bei uns. Deutsche Landschaft trägt dann deutsche Menschen, Naturschutz und Heimatschutz werden eins. Zu Beginn eines neuen Jahrtausends, gleichzeitig das Ende eines Jahrhunderts, das den Untergang des Kaiserreiches (Österreich-Ungarn), die Zerstückelung Tirols mit dem Anschluß Südtirols als Kriegsbeute an Italien und eine Beinahe-Aufgabe der »Heimat« mit sich nimmt, leben wir Südtiroler, aufgeteilt in drei Sprachgruppen, relativ friedlich nebeneinander. Das Miteinander allerdings bleibt ein Wunsch. Es geht uns gut. Fast alle haben Arbeit und 80 % der Familien ein eigenes Zuhause. Inmitten des zusammenwachsenden Europa ist Südtirol also eine Oase des Wohlstandes geworden. Der Ruf nach Selbstbestimmung der deutschen Sprachgruppe in Südtirol ist nicht verstummt.

Es wäre nun ein leichtes, wieder Keile zu treiben zwischen die Sprachgruppen – aus Revanchismus für all das Leid, das unsere Eltern und Großeltern zur Zeit des Faschismus zu erdulden hatten, oder aus politischem Opportunismus auf der anderen Seite, die immer noch die »Italianità« beschwört. Volkes Hoffnung zu wecken, ist leicht. Vielmehr gilt es, die sachliche Frage aufzuwerfen, wie wir uns einrichten wollen in einer EU, die Mehrsprachigkeit, Multikultur, Regionalismus, Abbau der Nationalismen tragen soll und nicht Vielstaaterei.

Heute sitzen wir Südtiroler nicht mehr zwischen den Stühlen, wir sind zukunftsfähige Europäer geworden. Als solche haben wir nicht nur Möglichkeiten, sondern tragen auch Verantwortung. Ja, wir dürfen und müssen selbst bestimmen – jeder einzelne, als Gruppe, als Südtiroler –, wie wir unsere Rolle im Europa von morgen ausfüllen wollen. Ich weiß, ich wiederhole mich: Selbstbestimmung setzt Selbstverständnis voraus: Wir müssen also zuerst wissen, wer wir heute sind, bevor wir sagen, wohin, wie und wieweit wir wollen.

Unsere dynamische Autonomie, getragen von der breiten Mehrheit, gestützt auf Erfahrung und Weitsicht, beflügelt von Kreativität und Lokalpatriotismus aller drei Sprachgruppen, wird nur dann Zukunft in Europa haben, wenn wir uns für andere Minderheiten einsetzen und beweisen, daß ein Zusammenleben auf Dauer und in Frieden möglich ist. Denn diese Kultur des Zusammenlebens, die wir in Südtirol mit entwickeln können, wird nicht nur über die Zukunft dieses Landes entscheiden, sie wird Europa einen oder teilen.

Europa hat vorerst, im Rahmen der weltweiten Globalisierung, nur als weltbewußte Staatengemeinschaft eine Chance. Zusammenwachsen zu einem gemeinsamen Europa aber können nur Regionen, die mehr und mehr Eigeninitiative entwickeln und gleichzeitig ihre Eigenart bewahren.

Die Nationalstaaten werden Macht an das gemeinsame Ganze und an die einzelnen Regionen abgeben müssen, und damit verliert die Frage, ob Südtirol zu Italien oder Österreich gehört, an Dringlichkeit.

Wir Südtiroler leben in einer privilegierten Situation: Wir sind lokal und in Europa verankert. Ich sehe Südtirol nicht mehr als Grenzland zwischen Italien und Österreich. Unsere Heimat kann Bindeglied zwischen dem italienischen Süden und dem deutschen Norden werden. Begegnungsraum ist es seit jeher, jetzt kann es zu einem Kristallisationspunkt der politischen Kreativität werden. Vor allem, wenn wir die Verantwortung für den Alpenraum mit seinem fragilen sozioökologischen Gleichgewicht mit übernehmen. Das heißt allerdings nicht, daß wir uns wie einst die Wilderer in einen rechtsfreien Raum flüchten, im Gegenteil – wir dürfen uns mehr einbringen: mit unseren Ideen, Mitteln und Stimmen.

Im Gegensatz zu den Nordtirolern sprechen wir Südtiroler auch Italienisch, und im Gegensatz zu den Trentinern sprechen wir Deutsch. Also sind wir Südtiroler alle dabei, eine zweite Kultur zu verinnerlichen. Helfen wir den italienischsprachigen Südtirolern, Deutsch zu lernen, auf daß wir uns auch mit ihnen besser unterhalten können. Wir müssen ihnen ihr Unbehagen nehmen. Wir Südtiroler sind heute nicht nur wirtschaftlich privilegiert. Als Teil des ehemaligen Tirol und nach einer Zeit der Unsicherheit sind wir aus einer schwierigen Zeit, in der uns der »Todesmarsch« prophezeit worden ist, politisch gestärkt und kulturell reicher hervorgegangen.

Wir dürfen deshalb endlich mehr Selbstverständnis wagen. Wir dürfen Südtiroler sein! Damit meine ich nicht das »Wir sind wir«, abgekapselt zwischen den Bergen. Ich plädiere für eine weitere Öffnung. Wenigstens zwei Sprachen zu sprechen, zwei Kulturen zu leben gibt uns ungeahnte Möglichkeiten zwischen Hamburg und Napoli. Wie die offene und freie Universität in Bozen wird jede Öffnung zusätzlich frischen Geist ins Land bringen und unsere Kompetenzen steigern.

Nichts von unserer Eigenart und von diesem einmalig reichen Land müssen wir hergeben, wenn wir es funktionell mit dem Rest der Welt verbinden und dabei jene Güter verteidigen, die in den großen Ballungsräumen mehr und mehr abhanden kommen: Ruhe, ungenutzter Raum, Stille, aber auch unsere Dialekte, Gemütlichkeit und Gastlichkeit. Es gilt eine Bergkultur gegenüber der Stadtkultur zu verteidigen. Dafür ist es allerdings nicht nötig, im öffentlichen Rundfunk eine Mischung aus Dialekt und Hochdeutsch zu sprechen. Vor allem, wenn die Sprecher nicht deutsch können.

Die »guten Südtiroler« sind nicht die selbsternannten Heimatschützer, die sich lautstark und mit Imponiergehabe gegen alles Fremde, »Welsche« und Neue abgrenzen. Auch nicht die Besserwisser, die lediglich Emotionen schüren und keine Verantwortung tragen – für einen Bauernhof, ein Unternehmen, einen Familienbetrieb, das Land. Wir brauchen keine »stille Hilfe«, sondern Hilfsbereitschaft, wenn es anderen schlecht geht. Wir brauchen mehr Solidarität und weniger Neid. Auch Pragmatismus. Die vielen Neinsager, die gegen jeden und alles sind, werden auch in der Not nicht weiterhelfen. Auf Dauer wird es zudem nicht der Proporz sein, der uns über den Berg hilft, sondern Toleranz, Kreativität und die Fähigkeit, ganz wir selbst zu bleiben – Südtiroler inmitten von Europa, Älpler im Land der Etsch und im Gebirge.

Daß Südtirol mitten in den Alpen liegt und die meisten seiner Probleme mit den anderen Alpenregionen gemeinsam hat, ist eine Binsenwahrheit, über die zu reden es sich nicht lohnen würde, hätte nicht die jahrzehntelange Nabelschau um die Volkstumsproblematik den Blick auf die natürlichen Grundlagen des Lebens in Südtirol und des Überlebens im Gebirge verstellt und getrübt. Heute beginnt man, den Alpenraum als ein gemeinsames Ökosystem zu begreifen, das bei den Alpenvölkern jenseits der Verschiedenheit der Sprachen und der Überlieferungen und unabhängig von politischen und administrativen Grenzen eine weitgehend gemeinsame Kultur und Zivilisation hervorgebracht hat. Die Sorge um die Zukunft dieses gemeinsamen Lebensraumes, der sich auf verschiedene Staatsgebiete erstreckt (Frankreich, Italien, Schweiz, Monaco, Liechtenstein, Österreich, Bundesrepublik Deutschland, Slowenien) könnte dazu beitragen, Südtirols Erfahrung in einen angemessenen, grenzüberschreitenden Rahmen einzubauen. Daß die Alpen nicht ohne oder gar gegen ihre Bewohner »geschützt« oder »gerettet« werden können, ist offensichtlich. Die enge Verquickung naturverbundener und maßvoller alpiner Lebens- und Bewirtschaftungsformen ist die Grundvoraussetzung für das ökologische und soziale Gleichgewicht des Alpenraumes. Man kann es in Südtirol an vielen positiven Bereichen erfahren. Die Zusammenarbeit zwischen den Alpenregionen hat in den letzten Jahren erfreulicherweise zugenommen. Sie bewegt sich aber immer noch in einem recht unverbindlichen Rahmen, beispielsweise in der »Arge Alp« und in der »Alpe Adria«.

Vielleicht kann eine Besinnung auf die Verantwortung für das Ganze aus der deutschtümelnden Verkrampfung zu einer europäischen Funktion Südtirols führen. Eine engere Kooperation in diesem Zusammenhang liegt nahe. Die Rolle Südtirols im vielsprachigen und kleinräumig organisierten Alpengebiet muß sich ihren Vorbildcharakter erst noch verdienen.

XIII

Ein alttyrolischer Hochradclub

»Die Nachbarn blieben weiter um diese Holzhütte herum und sahen vor sich hin. Sie standen einfach da, und ich dachte: sie weinen.

Und zum erstenmal habe ich sie vielleicht erkannt, sie standen da, ohne zu reden und seltsam voneinander getrennt, als lauschten sie Geräuschen, die sie vielleicht immer schon gehört hatten, diesmal aber wie zum erstenmal.«

Joseph Zoderer, Monika

Heilige Gewohnheiten

Südtirol ist meine Heimat, und Südtirol hat mit den Dolomiten die schönsten Berge der Welt. Dazu eine Kulturlandschaft, die einmalig ist in Mitteleuropa. Eine Landschaft wie aus dem Bilderbuch! Ob im Herbst, Winter, Frühjahr oder Sommer – sie ist immer einmalig. Dazu Altstädte, grüne Almlandschaften, Berghöfe, Klöster, Burgen auf steilen Felsen. Im Talgrund aber ist bald jeder Quadratmeter verbaut. Der Westrand von Bozen wächst chaotisch ins Grün, viele Weiler vergrößern sich ähnlich. Als ob unsere sozialistischen Baugesetze zuletzt nur der Bauindustrie gedient hätten. Und den Bauern, die ihr Land teuer verkauft haben. Nur noch der Rest wird als Wiese, Acker, Weinberg oder Obstgarten genutzt. Eine Wohnung in Bozen allerdings ist teurer als in Venedig oder Rom. Allerorten Wohlstand. In Straßencafés, Gasthäusern und Geschäften ist Hochbetrieb. Es herrscht Vollbeschäftigung. Deutsche wie italienische Urlauber gehören hier ganz selbstverständlich dazu. In Familienverbänden oder einzeln ziehen sie durch die Lauben von Sterzing, Brixen und Bozen. Für die Urlauber aus dem Norden ist Südtirol bei Pizza und Spaghetti deutscher Süden, für die Landsleute aus dem Süden ist es in den Straßenlokalen bei Bier und Braten immer noch Italien. Ja, Südtirol ist ein Teil von Italien, wenn auch in vielen Belangen autonom. Staatsrechtlich gibt es keinen Zweifel, auch wenn nicht alle Südtiroler mit dieser Autonomie zufrieden sind. Eine winzige Minderheit von deutschen Südtirolern will immer noch die Selbstbestimmung, und ihre italienischsprachigen Gegenspieler sehen sich als Verlierer im Land, dem sie die Kultur gebracht zu haben glauben. Dabei sehen erstere das Land »fest in deutscher Hand«. Kulturell gilt das nicht. Italien wollte das im Ersten Weltkrieg versprochene und dann vom Habsburger Reich abgetrennte Südtirol nie mehr hergeben, und Österreich möchte die Minderheit an zugewanderten Italienern nicht unbedingt als Staatsbürger. Inzwischen lebt die Minderheit der Südtiroler, die italienische Sprachgruppe, nicht mehr besser als die deutschsprechenden Südtiroler, die eine kleine Minderheit in Italien darstellen. Die Mehrheit im Lande der Mehrheiten lebt, profitierend von der Schnittstelle zweier Kulturen, also gut. Trotzdem, nicht alle sind glücklich mit dem Status quo ihrer Autonomie. Nach Enttäuschungen und vor dem Hintergrund verbitterter Kämpfe der vergangenen achtzig Jahre aber ist Frieden mindestens möglich geworden. Südtirols deutschsprachige Bevölkerung, die ihre Ortsbezeichnungen aufgeben, nur noch Italienisch sprechen und verarmen sollte, ist dabei, sich mit Italien auszusöhnen. Eines aber scheint zu bleiben, wie es seit achtzig Jahren war: Diese Besonderheit Südtirols sehe ich in der Kontinuität der nationalistischen Gebärden. Über alle Regimewechsel hinaus. Was 1919 mit der Annexion begann, verschärften die Faschisten. Das Deutschtum der Hitlerei, viel schlimmer als der italienische Faschismus, hätte beinahe zum Untergang Südtirols als Volks- und Landeseinheit geführt. Zuwanderung aus dem Süden und schließlich Druck sollten die Südtiroler auch nach 1945 noch unterwürfig machen. Die Südtiroler blieben trotz Menschenrechtskonvention entrechtet. Es gab keine Selbstbestimmung. Nur mit viel Geduld und nach den Attentaten von deutschnationalen Gruppen in den sechziger Jahre gestatteten christlich-sozialdemokratische Regierungen in Rom Südtirol nach und nach eine sprachliche, administrative und wirtschaftliche Autonomie. Trotz all der Zuwanderung aus dem Süden und einem geschmacklosen Siegesdenkmal in Bozen waren die deutschsprechenden Südtiroler im Lande nicht zur Minderheit geworden.

Plötzlich aber gebärdeten sie sich wie eine eigene Nation. Die einen deutsch, die anderen im Rahmen des Zentralstaats. Auf beiden Seiten wird wieder aufmarschiert und geprahlt: mit deutschen Werten und Italianità. Die Deutschtümler versuchen seit Habsburger Zeiten, Südtirol an die deutsche Kultur anzudocken, rechtslastige Italiener die Brennergrenze als gottgegeben darzustellen. Dabei war Südtirol immer Grenzland, und die Menschen profitierten hier von der Grenzlage. Italienisches verzahnt sich hier mit dem Deutschen. Vielleicht sind heute die Südtiroler deutscher Muttersprache, die sich als Europäer fühlen, weniger stolz, deutsch zu sein, als die Südtiroler italienischer Muttersprache es sind, Italiener zu sein. Das alltägliche Zusammenleben der Volksgruppen funktioniert vom Politischen abgesehen ziemlich reibungsfrei. In den Medien erscheint aber ein anderes Bild, und die Politiker spielen gern mit den Nationalgefühlen ihrer Wähler. Die Zeit der harten Konfrontation aber ist vorbei. Probleme gibt es immer und überall. Vor allem auf politischer Ebene. In Städten wie Bozen oder Leifers. Seit drei Jahrzehnten bestimmen die Südtiroler deutscher Muttersprache die Politik im Lande. Ob sie damit mehr profitieren vom Minderheitenstatus als ihre italienischsprachigen Landsleute? Viele Italiener sind dieser Meinung. Wir Südtiroler haben das Privileg, zwischen dem deutschen und dem italienischen Kulturraum wechseln zu können, in Innsbruck und dann in Padua zu studieren, die Mailänder Modemesse und das Münchner Oktoberfest gleichermaßen zu genießen. Italienische und deutsche Touristen kommen zu uns, ohne sich auf eine andere Sprache einstellen zu müssen. Gute Voraussetzungen also für alle, die unsere Autonomie annehmen und mit Inhalten füllen wollen.

Noch vor wenigen Jahrzehnten wäre es schwer vorstellbar gewesen, daß ein Künstler die »Option« als Fehler und die »Mischehe« als das Selbstverständliche beschreibt. Der Südtiroler Autor Joseph Zoderer hat die Überheblichkeit, die ungute Umsiedlung und die Diskriminierung der fünfziger Jahre benannt und aus dem schmerzlichen wie lustvollen Dazwischen eine neue Identität geschaffen. Er ist auch ins Italienische übersetzt worden und hält somit beiden Sprachgruppen in Südtirol den Spiegel vor. Das ist gut so, denn nur, wenn wir unsere Gewohnheiten hinterfragen, verstehen wir, wie uns die anderen wahrnehmen.

XIV

Eine Dolomitenfahrt

»Welch großes Glück bedeutet es doch für einen Menschen, ein Stück Boden zu kennen, auf dem man daheim ist! Ich kenne Tirol bis in die letzten, verlassensten Täler hinein, aber ich weiß keinen vertrauteren Platz als jenen. Über dem schattigen Tal steigt der Bergwald auf. Darüber liegt das weite, offene Gelände der Seiseralm; und über diesem größten Almgelände der Ostalpen ragen die kühnsten Felsgebilde der Dolomiten auf: der Langkofel, die Sella, der Rosengarten, der Schlern. Es ist die schönste Landschaft, die ich in den Alpen kenne.«

Luis Trenker

Verkehr und Fremdenverkehr

»Ich rate jedem, der über den Brenner südwärts fährt, auch wenn ihn die Sehnsucht nach ›ewiger‹ Sonne, nach blauem Meer und, weiß Gott, nach ›dolce vita‹ an irgendeinem Badestrand noch so sehr bedrängt, dort, bald nach Brixen, wo sich das Eisacktal zu einer wilden Schlucht verengt, in die Dolomitenstraße einzubiegen und in das Grödental zu fahren. Wenn sich dann von St. Ulrich das Tal plötzlich öffnet und über grünen Wiesen und heiteren Lärchen der unbeschreiblich schöne Dom des Langkofel in den Himmel ragt, vergißt man alle Verlockungen des Südens und genießt dankbar das Glück dieser Stunde«, schrieb Luis Trenker, der berühmteste Sohn des Grödentales.

Südtirols Bergwelt ist reicher an landschaftlichen Gegensätzen als der Rest der Alpen. Geoplastisch ist sie eine Schatzkammer. Aber nicht nur das geologische Skelett

Südtirols ist einzigartig, auch das Zusammenwirken von Natur und Kultur, wo das Romanische und das Germanische sich beeinflussen und durchdringen, machen dieses kleine Land zu einem Garten Eden. Ja, Land und Leute erlauben eine Ahnung vom Paradies. Wobei Himmel und Hölle so nahe zusammenliegen wie überall sonst, wo sich Menschen um Macht und Einfluß streiten.

Über den Flußtälern von Eisack, Rienz und Etsch erheben sich die Berggruppen der Ötztaler und Stubaier mit ihrer arktischen Fernerwelt: die Texelgruppe und Sarntaler Alpen, die Urgesteinsketten der Zillertaler Alpen und der Riesenferner gehören dazu. Dann der Ortler, ein Fastviertausender, und im südöstlichen Viertel die Wunderwelt der Dolomiten. Die rotgelben Korallenstöcke ragen aus grünen Wald- und Almsockeln unvermittelt auf wie Titanengestalten. Südtirols Bergwelt birgt einen Reichtum ohnegleichen an sinnlichen Werten und weltberühmten Landschaftsbildern. Nur in den erfolgreichsten Tourismusorten verstellen inzwischen Hotelburgen und Wohnsilos den Blick auf diese Landschaft.

Die Städte, Orte und Täler zwischen Brenner und Salurner Klause, von Sexten bis zum Stilfserjoch will ich hier aus einem Gefühl der Gerechtigkeit heraus trotzdem alle anführen. Alphabetisch nach Gemeinden geordnet, auf daß die Qual der Wahl des Urlaubsortes in Südtirol leichter fällt. Sie sind im Anhang, der Übersicht wegen, tabellarisch erfaßt.

Südtirol ist aber nicht nur das Land der Gletscher und Dolomitenfelsen, es ist auch das Land der Reben und

Ruinen, das Land, wo Tannen und Zypressen stehen, wo Wälder und Blumen sich ausbreiten, wo tausend Jahre alte Sagen erzählt werden. Kaum ein anderes Land der Alpen bietet eine derartige Mannigfaltigkeit an Wundern und Geheimnissen. Das Klima bringt eine Flora von so buntem Wechsel hervor, daß zwischen der Paßhöhe des Brenners und der Klause von Salurn arktische und mediterrane Lebensformen zu finden sind. Und dies obwohl das allermeiste an Kulturgrund inzwischen Monokulturen geopfert wurde. Dieses Land ist klein: Es mißt nur 7400 Quadratkilometer und hat rund 450000 Bewohner. Nicht viel mehr also als ein Vorort von London oder Paris.

Seit dem Vertrag von St. Germain im Jahr 1919 galt es, viele Streitigkeiten zu lösen. Heute spielt Südtirol, der nördlichste Teil Italiens, keine Rolle mehr in der internationalen Politik. Trotzdem kein Ende der Geschichte.

Südtirols Ureinwohner – die Römer nannten spätere Siedler Räter, ein Sammelname wie heute Tiroler – kennen wir nicht. Drei Sprachen – das Illyrische, das Etruskische und das Keltische – wurden seinerzeit hier gesprochen. Wie heute das Deutsche, das Italienische und das Ladinische. Kultureinflüsse ziffernmäßig schwacher Eindringlinge veränderten immer wieder Dialekte, Lebensformen und Baustile. Wie überall dort, wo Zuwanderer auf eine schon lange vorher ansässige und bodenständige alpine Bevölkerung stießen. Die ersten Menschen hatten sich vor langer Zeit von mehreren Seiten in die Alpentäler vorgewagt und nach und nach ihre eigene Lebensart, die Bergkultur entwickelt. Rasch gewechselt haben jeweils nur die Herren, nicht die Kultur ihrer Untertanen. Denn sie ist im Gegensatz zur Stadtkultur weniger Trends und Moden unterworfen. Immer wieder verändert aber haben sich die Sprachen. Nach der Eroberung Rätiens durch die Römer wurde im Land wohl auch Lateinisch gesprochen, nicht das Latein Ciceros, sondern ein Vulgärlatein der Händler und Soldaten. Davon blieb das Rätoromanische oder Ladinische, eine Sprache, die heute noch in zwei der Südtiroler Dolomitentäler gesprochen wird. Mit der Völkerwanderung kamen später die Bajuwaren ins Land. Sie erbauten neue Höfe und Siedlungen, später Kirchen und erleichterten den Handel mit dem Norden. Das ladinische Element vermischte sich zum Teil mit den Einwanderern, zum Teil wich es in unwegsame Gegenden zurück. Was überall in den Tälern tragend blieb, ist das Selbstversorgertum und die Transhumanz, die es den Bauern erlaubten, die Flächen optimal zu nutzen und auf sich gestellt zu überleben. Die alpine Bevölkerung ist nicht nur ausdauernd und konservativ, sondern auch anpassungsfähig und unterwürfig.

Wer unsere jüngsten Bemühungen um Autonomie aber als eine fortgesetzte kollektive Selbstbestimmung von Selbstversorgern versteht, liegt falsch. Nationalistische Gefühle überwogen. Erst im Europa nach Schengen und mit einer gemeinsamen Währung sind wir Südtiroler frei für ein Selbstverständnis ohne Nationalgefühle. Ob wir freilich auch fähig dazu sind, ist eine andere Frage. Ich persönlich empfinde es als Glück und Chance, mich mit einer lokalen und einer europäischen

Einbindung zufriedengeben zu können. Was die Zukunft angeht, dürfen wir auf unsere Eigenheiten ebenso bauen wie auf die Besonderheiten des Landes. Vielleicht sind wir gut beraten, nicht mehr auf Wachstum zu setzen, sondern auf Lebensqualität, auf Tourismus für die angestrengten Wachstumsländer – China, Indien, Brasilien –, auf eine Mischung aus Freilichtmuseum, Freizeitpark und Naturschutzgebiet. In einigen Jahrzehnten werden Chinesen und ihre asiatischen Nachbarn unsere besten Kunden sein. Sie können sich in der hiesigen Idylle vom Tempo ihres atemberaubenden Aufschwungs erholen. Sie werden so zahlreich kommen, daß Südtirol gut von ihnen leben kann, und sie werden sich nach Orten sehnen, die sich nicht ständig wandeln: nach alten Häusern, nach sauberen Flüssen und nach intaktem Wald – lauter Dinge, die man ihnen genommen hat und die man ihnen für gutes Geld zugänglich machen kann. Südtirol bedeutet dann Berglandwirtschaft, die nie kaputtgeht, weil sie sich selbst erhält, obwohl sie niemand mehr braucht; Wein und Bier natürlich, die Bozner Lauben, Krapfen mit Sauerkraut, Speck und Vinschgerln. Südtirol bedeutet dann auch, mit der alten Vinschger Bahn auf und ab zu fahren, ein Erlebnis, das – mit Südtiroler Gemütlichkeit organisiert – auf die gehetzten Asiaten zugeschnitten ist. In den Zentren wachen dann Schützen und Feuerwehrleute mit denkmalpflegerischer Strenge und einem ordentlichen Verwaltungsapparat über die Altstadt, den Konsum von Grappa, den Bozner Christkindlmarkt und darüber, daß der Originalzustand des Landes nicht weiter verändert wird.

Die Zukunft ist bereits da: Junge Chinesen erzählen nach ihren Europa-Reisen mit Begeisterung von Südtiroler Tradition, den farbigen Trachten der Grödner und der Liebe der Südtiroler zu ihrer Heimat. Für die Inder sind wir pittoreske Exoten, die ihre traditionelle Lebensart und all die liebgewonnenen gesellschaftlichen Strukturen pflegen. Es darf ruhig so bleiben.

XV

Die wilden, verwurzelten Tiroler und die fliehenden, bösen Feinde

»Hat der Bauer mehr Kühe im Stall, so muß er mehr
Futtermittel zukaufen, und dies führt ihn früher oder
später zum Problem, was er mit dem zunehmenden
Mist machen soll.«
Hermann Mantinger

Südtirol-ABC

Autonomie ist in Südtirol ein Wert, der eine doppelte Bedeutung hat, eine integrierende und eine keiltreibende. Die Landesautonomie, nach Attentaten, Ängsten, assimiliert zu werden, in jahrzehntelanger politischer Kleinarbeit nach einer grandiosen Idee vor allem von Landeshauptmann Silvius Magnago während der sechziger und siebziger Jahre erstritten, ist heute die Basis unserer politischen Eigenständigkeit. Alle politischen Kräfte erkennen das an. Die Autonomie der einzelnen Bürger hingegen wird geringgeachtet.

Bürokratie wird auch in Südtirol großgeschrieben. Alles ist bis ins Detail geregelt. Zudem wird darauf geachtet, daß die italienische Überreglementierung ordentlich eingehalten wird. Nach deutschem Vorbild. Bei Kritik an zu engen Rahmenbedingungen aber ist die Politik in Rom oder Brüssel schuld. Als ob alle Gesetze und Verordnungen dort gemacht würden. Zum Glück haben wir im Landtag klare Mehrheiten und eine entscheidungsfreudige Regierung. Die Autonomie aber könnte den Bürgern zuletzt den Handlungsspielraum nehmen.

Christlich ist das kleine Land im Gebirge, im »romanischen« Teil der Alpen, seit mehr als tausend Jahren. Römisch-katholisch wohlgemerkt. Mitglieder anderer Konfessionen wurden früher ausgegrenzt, verdrängt oder verfolgt. Heute ist es besser. Aber viel weiter als bis zur Dorfkirche darf die christliche Nächstenliebe nicht gehen. Vielleicht lernen wir als gute Gastgeber in einem Touristenland noch, offen zu sein für andere Lebenshaltungen und Religionen.

Demokratiedefizit ist ein Schlagwort, das allerorten zu hören ist. Meist von Dissidenten. Diese gibt es auch in Südtirol. Es ist eine Tatsache, daß ein Großteil der deutschsprechenden Südtiroler seit Jahrzehnten ein und dieselbe Partei wählt. Aus einer Art Gewohnheit, und um das Deutschtum zu verteidigen. Diskriminiert wird allerdings nicht mehr, wer sich für eine andere politische Kraft ausspricht. Die italienischsprechenden Südtiroler hingegen sind politisch zersplittert wie der Rest Italiens. Obwohl ihr politischer Einfluß in Südtirol deshalb gering ist, tragen sie keine Dornenkrone herum. Sie beklagen einen *disagio*, ein Unbehagen, das sie selbst auslösen.

Ethnisch besetzt wird bei uns in Südtirol fast alles: Arbeitsplätze, politische Gremien, Ausschüsse, Straßenbaukolonnen. Interethnische Politik galt lange Zeit als verwerflich. Dabei liegt die Stärke Südtirols in der Summe mehrerer Sprachen und Kulturen. Diese Vielfalt in der Minderheit haben wir dem Rest Europas voraus. Noch dazu in einem kleinen Land. Wir Südtiroler dürfen zum Glück Europäer sein oder werden, ohne einem Nationalgefühl unterworfen zu bleiben. Ein wesentlicher Grund für mich, Südtiroler zu bleiben.

Feindbilder kennt nahezu jede Kultur. Meist machen sie sich die Befindlichkeit jener Gruppen deutlich, die andere diskreditieren und auszugrenzen versuchen. Wenn der deutschnationale Südtiroler einen Italiener im Lande einen Faschisten schimpft, hat das nichts mit Zivilcourage zu tun, sondern mit blindem Haß. Vielleicht hilft uns der Fremdenverkehr, endlich über alte Vorurteile hinwegzukommen. Es gilt also immer wieder, einzuschreiten, Farbe zu bekennen, zu einem offenen und toleranten Südtirol zu stehen.

Grenzen dürfen auch in Südtirol abgebaut, übersprungen, relativiert werden. Die Zeiten des großdeutschen Gehabes, der Gewalt, der Gleichschaltung sind endgültig vorbei. Die Geschlossenheit der »deutschen Volksgruppe«, die immer wieder beschworen wird, die Einheit der Südtiroler also, muß einem demokratischen Prozeß weichen, der das Gleichgewicht des Ganzen zum Ziel hat. Nicht das Vermischte, das Zusammen macht uns stark. Es gibt nur eine Alternative auf dem langen Weg zum Miteinander. Mit dem »Mir sein mir«, mit dem Südtirol fest in deutscher Hand bleiben sollte, hat die Geschichte längst aufgeräumt.

Heimat ist ein Wort, das die italienische Kultur nicht kennt, und ein Wert, den deutsche Kultur anders besetzt hält als die italienische. Auch deshalb reden italienischsprechende und deutschsprechende Südtiroler oft aneinander vorbei. Natürlich müssen beide Gruppen in Südtirol einen Platz, ein Heimatrecht haben. Auch die Ladiner. Und alle drei Gruppen ihre Helden und Feste. Dabei ist zu bedenken, daß unsere gemeinsame Geschichte aus getrennten Strängen verzopft wird. Herz-Jesu-Kult und De-Gasperi-Seligsprechung haben nichts miteinander zu tun. Auch Mussolini-Faschismus und Hitlerei dürfen nicht gegeneinander aufgerechnet werden.

Identität ist etwas, das man in Südtirol gerne hätte, aber sich nicht zu haben traut. Auf der einen Seite steht ihr die *Italianità* im Wege, auf der anderen die Angst einer Italienisierung. Die allgemeine Information im Lande fördert sie auch nicht. Wir Südtiroler gehören staatspolitisch zu Italien, sind zu drei Vierteln deutsch- oder ladinischsprechend, aber keine Italiener. Wir sind Südtiroler und Europäer. Wie die Italiener im Lande auch. Wir haben also einen gemeinsamen Nenner und gemeinsam die Verantwortung für ein Land, das zu den schönsten der Welt gehört. Nachhaltig geeignet als Tourismusdestination und weniger als Industriestandort.

Jodeln können nicht alle Südtiroler. Dafür haben alle Arbeit. Fast alle. Dazu finden saisonweise zigtausende Arbeitsuchende aus dem Rest der EU bei uns ihren Platz. Dieses Jobwunder verdanken wir einer Politik, die der Südtirol-Autonomie auch wirtschaftliche Inhalte verpaßt hat. Das »Je klarer wir trennen« der ersten beiden Autonomiejahrzehnte beginnt dem »Je mehr Synergien wir entwickeln« der Durnwalder-Ära zu weichen. Mit positiven Folgen. Gefahr sehe ich aber in Ausbeutungsmöglichkeiten unseres Sozial- und Subventionssystems.

Kreativität ist auch in Südtirol zur Voraussetzung für Erfolg geworden. Wie überall in der globalisierten Welt. Es ist nicht mehr genug, auf ein paar Denkmäler und den dorfeigenen Kirchturm verweisen zu können. Auch die Freiheitskämpfer von anno dazumal helfen in Krisenzeiten nicht weiter. Sowenig wie Kompromisse. Nachhaltige Entwicklung setzt kreative Unternehmer voraus.

Lederhosenkultur, Stadelarchitektur und Heimattümelei hat man den Südtirolern oft vorgeworfen. Vielfach zu Recht. Dabei sind nicht nur die Ureinwohner, eigentlich die Ladiner, gemeint, sondern all jene, die sich den Gästen anbiedern mit Türmchen-Hotel, »Sepplhut«, »viel Holz vor der Hütt'n« und der Larmoyanz »eines Volkes in Not«, dem es nie so gut ging wie heute.

Medien ist Mehrzahl. So sollte es auch in Südtirol sein. Die deutschsprechenden Südtiroler aber lesen großteils nur die eine, ihre Tageszeitung. Weil damit der Minderheitenschutz das zentrale Thema und die Ausgrenzung unliebsamer Minderheiten garantiert bleibt? Auf daß Mischkultur sich nicht breitmachen kann. Was ansonsten mit Desinformation und Kommentaren nicht zu erreichen ist, läßt man aufgebrachte Leser erledigen. Mit gezielten Leserbriefkampagnen kann immer nachgeholfen werden. Denn der Wiederkäuer gibt es in Südtirol genug. Es ist dann wie mit dem Futter und dem Mist. Zuletzt ist zuviel davon da.

Nordtirol definiert sich heute als Tirol. Dabei ist das österreichische Bundesland Tirol mit Osttirol nur der nördliche und östliche Teil jenes Gesamttirols, zu dem einst auch Südtirol, das Trentino sowie Cortina mit den südlichen Dolomiten gehörten. Südtirol, das schönste Stück von Tirol, ist heute eine autonome Provinz, gehört zu Italien, und die allermeisten meiner Landsleute zeigen ein gesundes Selbstverständnis als Südtiroler. Denn, beginnend mit dem »Los von Trient« 1957, ist es trotz Option (1939) gelungen, im Rahmen der Landesautonomie Kultur und Selbstbestimmung der Südtiroler zu retten. Ein Gesamttiroler Nationalgefühl ist damit mehr und mehr verlorengegangen.

Österreich, als Überbleibsel des ehemaligen Kaiserreichs Österreich-Ungarn, zu dem auch Tirol mit Südtirol gehört hatte, und dessen Vertreter haben sich nach dem Zweiten Weltkrieg fünfzig Jahre lang für die Rechte der Südtiroler eingesetzt. Vielleicht aus Dank – hatte doch die kinderlose Margarethe Maultasch ihr Land Tirol einst 1363 an die Habsburger gegeben. Vielleicht auch aus Scham – Tirol bzw. Südtirol waren nicht nur vom Kaiser wiederholt im Stich gelassen worden. Zuletzt mußte Österreich Südtirol als Kriegsbeute an Italien abtreten.

Proporz ist immer noch ein Schlüssel der Südtiroler Politik. Mit dem Pariser Vertrag 1946 wurde dem Land eine Autonomie zugesprochen. Als diese mit einem »Paket« von Maßnahmen endlich umgesetzt wurde, galt es, die Interessen aller Volksgruppen im Lande zu befrieden. Damit wurde der Proporz eingeführt. Posten, Mittel, Einfluß sollen gerecht nach Stärke der jeweiligen Sprachgruppe verteilt werden. Die Sprachgruppenzugehörigkeitserklärung – Unding oder Unwort? – bleibt vorerst ein ebenso probates wie umstrittenes Mittel, um diesen Proporz zu ermitteln.

»Quasi« ist einer der meistgebrauchten Ausdrücke der Südtiroler. Es ist, als sei das Wort, das aus dem Lateinischen übersetzt »ungefähr« bedeutet und in jeden lokalen Dialekt eingegangen ist, unserem Seelenzustand nahe: Ja, wir sind quasi Tiroler, zwischen Welschtirol und Nordtirol daheim, ein eigenständiges Völklein, das quasi einen eigenen Staat bildet. Weder Rot-Weiß-Rot noch die Trikolore ist unsere Fahne. Wir empfinden quasi rot-weiß.

Rebell ist wie das Wort Wilderer ein zwiespältiger Begriff in Südtirol. Beide sind doppelt besetzt. Jene, die das Land zu schützen vorgaben, Freiheitskämpfer, Schützen, auch die »Bumser« sind in den Herzen der Südtiroler rebellische Helden. Ihnen allen ging es ja um die »Heimat«, um »das Schönste auf der Welt«, um Selbstbestimmung. Lauter positiv besetzte Symbole. Jene aber, die »böse Leut'« in diesem »schönen Land« benennen, gelten als rebellische Verräter des heiligen Landes. Denn schließlich haben alle Tiroler immer gleich zu sein: »Tirol isch lei oans.«

Sammelpartei oder Volkspartei heißt das Erfolgsrezept, das der Politik im Lande Stabilität und den Volksvertretern in Rom Durchsetzungskraft garantiert hat. Das Konzept war einfach: Die Südtiroler, die in Rom mit einer Stimme sprechen, erreichen ihr Ziel eher als die Interessenvertreter mehrerer Konkurrenzparteien, die auch vor der römischen Regierung gegeneinander auftreten. Über Jahrzehnte wurden die Südtiroler deutscher Muttersprache also eingeschworen, die Südtiroler Volkspartei zu wählen, eine Sammelpartei, in der alle Lebenshaltungen Platz haben sollten: christlich-soziale, liberale wie auch nationale Werte. Der Erfolg ist unbestritten. Dem Demokratieverständnis im Lande allerdings hat diese Politik geschadet. Denn Andersdenkende werden bei uns heute noch als Querulanten, Verräter oder Nestbeschmutzer abgetan.

»Todesmarsch der Südtiroler« war vor fünfzig Jahren das Horrorbild, das das Verschwinden der »deutschen Volksgruppe« weissagte. Damit einher ging ein Wunsch nach Rückverdeutschung der Südtiroler und eine Sehnsucht nach dem »deutschen Süden« auf bundesdeutscher Seite. Im gemeinsamen Europa hat Südtirol nun seinen Platz und wir Südtiroler haben endlich unsere Mitte gefunden.

Überlebensfähig war das kleine Südtirol schon immer. Bei uns wächst ja alles: vom Wein bis zur Zirbelkiefer, vom Spargel bis zum Enzian. Unser Selbstversorgertum ist zwar mehr oder weniger Vergangenheit, denn auch bei uns hat die industrielle Landwirtschaft den Selbstversorger verdrängt. Aber wir haben eine Universität, blühende Handwerksbetriebe, einen florierenden Tourismus und als Durchzugsland seit jeher tüchtige Kaufleute. Die Industrie, soweit sie durch lokales Know-how (Seilbahnbau) oder landeseigene Rohstoffe (Holzverwertung) keinen Wettbewerbsvorteil hat, wird verdrängt werden. Denn in der globalisierten Welt gilt weltweiter Wettbewerb. Nicht mehr Privilegienwirtschaft und Monopolismus.

Vergangenheitsbewältigung passiert bei uns mit einem Vokabular, das im Rest von Europa verpönt ist: Volkstum, Volkstumskampf, völkisch, Volksgruppe, Volkszählung…Dabei gibt es im deutschsprachigen Mitteleuropa keine Grenzen mehr. Erst wenn die vielen Vorurteile Andersdenkenden gegenüber ausgestorben sein werden, werde ich mich in Südtirol rundum wohl fühlen. Vorerst haben vor allem die italienischen Schulen viel nachzuholen: Im Geschichtsunterricht dürfen die Jahre des Faschismus nicht ausgelassen werden. Wie in den deutschen Oberschulen die Hitlerei zu behandeln ist.

Wiedergutmachung vom italienischen Zentralstaat fordern die Südtiroler nicht, wir fordern nur unsere Rechte ein. Wir vergessen allerdings gerne, daß Südtirol zu den Regionen mit der höchsten Lebensqualität nicht nur in Italien, sondern der EU gehört.

X-beliebig wollen wir Südtiroler nicht sein. Und wir sind es auch nicht. Deshalb müssen wir uns aber nicht als etwas Besonderes fühlen. Ein bißchen mehr Pluralismus, dazu Mehrsprachigkeit, Offenheit könnte zu einer weiteren Versöhnung der Südtiroler mit dem Rest der Welt führen.

Yaks gehören in die Hochregionen in Zentralasien. Von dort kommen sie her. Aber auch in Sulden am Ortler fühlen sie sich wohl. Schließlich haben sie dort ein ähnliches Habitat wie in Tibet.

Zukunftsfähig ist Südtirol allemal. Allerdings hängt es weiter ganz an uns, wie wir mit dem »Land an der Etsch und im Gebirge« umgehen.

XVI

Ein Abenteurer (Messner?)

»Je mehr Menschen aus meinen Augen entschwanden, desto mehr liebte und liebe ich jene Laute, in denen meine Mutter zum ersten Mal mit mir gesprochen haben muß.«

Anton Gruber

Die Qual der Wahl

Um ihnen die Wahl ihres Urlaubsortes zu erleichtern, folgt hier eine Tabelle mit allen Südtiroler Gemeinden. An der Zahl und Art der Herbergen ist ersichtlich, um welche Urlaubsangebote es sich jeweils handelt. Genauere Informationen erhalten Sie im Internet (www.suedtirol.info) sowie auf Anfrage von den lokalen Tourismusvereinen. Auch Prospektmaterial läßt sich mit den wenigen Daten anfordern.

Sie dürfen nicht erwarten, daß die Dialekte, die von Ort zu Ort verschieden sind, sowie die Architektur und die Talschaften, die jeweils eigenständig waren, so rein geblieben sind wie noch vor fünfzig oder hundert Jahren. Südtirol verändert sich. Durch die modernen Verkehrswege, das Fernsehen und nicht zuletzt durch den Tourismus ist Südtirol eintöniger, konsumorientierter, angepaßter geworden. Reicher nur an materiellen Mitteln. Wir Südtiroler aber sind gute Gastgeber geblieben, vielleicht auch, weil wir erkannt haben, daß wir nur als Gastland das Leadership im weltweiten Bergtourismus übernehmen können. Das Abenteuer, auf das wir uns einlassen, bringt uns alle in eine unbekannte Zukunft

⊙ **Innsbruck**

E R R E I C H

a i e r
e n
rankogel
97 m

Tirol

Brenner Pass
1374 m

Zillertaler Alpen

Ahrntal

Hochgall
△ *3436 m*

Sterzing ○

Naturpark
Riesenferner-
Ahrn

Rienz

Pustertal

○ **Bruneck**

ark
ge

S ü d t i r o l

Monte Sella
△
2787 m

Meran

Eisack

Brixen

n

○ **Sexten**

Sarntaler
Alpen

Corvara ○

m i t e

o

⊙ **Bozen**

3342 m △
○ *Marmolada*

○ **Leifers**

A L I E N

○ **Salurn**

rient

Gemeinden im Überblick

Gemeinde	Infos	Highlights
Abtei	Abtei (Alta Badia) Oberes Gadertal in den Dolomiten	Einmalige Landschaft Ladinisches Museum in St. Kassian Geburtshaus des hl. Josef Freinademetz in Oies Ski-Weltcup Sellaronda Wunderbare Bergwelt
Ahrntal	Ahrntal (Valle Aurina) Bergtal in den Zillertalern	Eindrucksvolle Urgesteinslandschaft Mineralienmuseum Naturpark Riesenferner Krippenmuseum Skigebiete in der Umgebung Wanderparadies
Aldein	Aldein (Aldino) Stille Hochfläche links der Etsch	Wiesen und Wälder hoch über Stadt und Tal Wanderparadies Archäopark Bletterbach Mountainbiken Skigebiet in der Umgebung
Algund	Algund (Lagundo) In Wein- und Obstgärten gestreutes Dorf am Fuße der Texelgruppe	Erholungsraum in der Nähe von Meran Wandern in der Umgebung Zahlreiche Sehenswürdigkeiten in der näheren Umgebung, z. B. Hafling, Schenna

Gasthöfe	Hotels	Pensionen	Garnis	Residenzen	Ferienwohnungen	Privatzimmer	Urlaub auf dem Bauernhof	nicht klassifiziert
16	37	25	30	31	127	45	36	0
13	34	34	10	11	37	34	50	4
10	4	2	0	1	3	3	14	1
6	10	26	31	16	15	29	35	2

Gemeinde	Infos	Highlights
Altrei	Altrei (Anterivo) Grenzdorf zum Trentino	Ruheraum Naturpark Trudner Horn Wandergebiet Skigebiet in der Umgebung Langlauf
Andrian	Andrian (Andriano) Zwischen Obstplantagen und Weingärten im Etschtal	Gut erreichbar über die MeBo Wandergebiet Obst und Weinbau Architektur beeinflußt von verschiedenen Völkern
Auer	Auer (Ora) Straßendorf mit städtischem Charakter im Unterland	Internationales Tischtennisturnier Südtiroler Weinseminar und Unterlandler Weinkost Biotop Castelfeder Einst Obst- und Weinbaudorf, jetzt Dienstleistungs- und Industriezentrum
Barbian	Barbian (Barbiano) Idylle am Sonnenhang im Eisacktal	Dolomitenblick Wandergebiet Dreikirchen Schiefer Turm Barbianer Wasserfälle mit 86 m freiem Fall Kastanienwanderweg

Gasthöfe	Hotels	Pensionen	Garnis	Residenzen	Ferien-wohnungen	Privatzimmer	Urlaub auf dem Bauernhof	nicht klassifiziert
2	2	1	0	5	1	1	1	0
1	3	2	3	2	2	5	14	0
3	12	2	5	1	1	5	6	0
12	1	4	0	0	1	6	14	0

Gemeinde	Infos	Highlights
Bozen	Bozen (Bolzano, Bulsan) Landeshauptstadt im Talkessel unterm Rosengarten (Dolomiten)	Tor zu den Dolomiten Bergmuseum Universität Archäologiemuseum Skigebiet in der Umgebung Mediterranes Flair Lauben Obstmarkt Wandermöglichkeiten in der Umgebung Viele Veranstaltungen Historische Gebäude
Branzoll	Branzoll (Bronzolo) Mitten im fruchtbaren Trogtal des Unterlandes	Führte als erste Gemeinde Südtirols den Ensembleschutz ein Obst- und Weinbau Radwege Wandergebiet Idealer Ausgangspunkt für Motorrad-Touren
Brenner	Brenner (Brennero) Historisch wichtiger Alpenübergang	Tiefer Alpeneinschnitt Alte Kaiserstraße – wichtiger Grenzübergang Wandergebiet

Gasthöfe	Hotels	Pensionen	Garnis	Residenzen	Ferienwohnungen	Privatzimmer	Urlaub auf dem Bauernhof	nicht klassifiziert
9	20	1	16	1	4	23	10	0
2	0	0	0	0	0	0	0	0
9	7	5	2	3	3	4	3	

Gemeinde	Infos	Highlights
Brixen	Brixen (Bressanone, Porsenú) Stadt mit starker Ausstrahlung im Eisacktal	Altstadt Lauben Hofburg mit Kreuzgang Neben Bozen die Bischofsstadt Wander- und Skigebiet in der Umgebung Törggelenfest Christkindlmarkt Tor zu den Dolomiten
Bruneck	Bruneck (Brunico, Bornech) Aufstrebende Stadt im Pustertal	Zentrum des Pustertals Hausberg Kronplatz Landesmuseum der Volkskunde Skigebiet Wanderparadies Historisches Stadtzentrum
Burgstall	Burgstall (Postal) Erholungsraum im Etschtal	Stille Tallage Museum für heimisches Wild Obstbaugebiet Wander- und Radmöglichkeiten
Corvara	Corvara (Corvara in Badia, Corvara) Grandioses Hochtal zwischen unvergeßlichen Bergen	Im Herzen der Dolomiten Bestes Skigebiet für Einsteiger (»Falk Skiatlas«) Eiskunstlauf »Stars on Ice« Ski- und Wandergebiet Golf Sellaronda Ski-Weltcup

Gasthöfe	Hotels	Pensionen	Garnis	Residenzen	Ferien-wohnungen	Privatzimmer	Urlaub auf dem Bauernhof	nicht klassifiziert
21	30	10	13	10	14	23	45	7
6	22	11	15	11	28	24	20	1
3	1	2	4	1	0	5	6	1
10	30	19	60	37	51	34	4	0

Gemeinde	Infos	Highlights
Deutsch-nofen	Deutschnofen (Nova Ponente) Großräumige Hochflächen am Fuße der westlichen Dolomiten	Wander-, Kletter-, Mountainbike- und Skigebiet Europacup in Obereggen Idealer Ausgangspunkt für Motorrad-Touren Wallfahrtsort Maria Weißenstein Reitmöglichkeiten Golfplatz
Enneberg	Enneberg (Marebbe, Mareo) Gepflegte Kulturlandschaft im Dolomitenraum	Ladinische Architektur Skigebiet Ladinische Sprache Wanderungen
Eppan an der Weinstraße	Eppan a.d.W. (Appiano s.S.d.V. = sulla Strada del Vino) Historisches Zentrum in Überetsch	Bergmuseum Wein- und Obstbaugebiet Wandern und Mountainbike Zahlreiche Burgen, darunter auch Schloßhotels Burgenritt Montiggler Seen
Feldthurns	Feldthurns (Velturno) Ferienoase mit großartigem Ausblick	Phantastischer Dolomitenblick Wander- und Mountainbikegebiet Skigebiet in der Umgebung »Kescht'nweg«

Gasthöfe	Hotels	Pensionen	Garnis	Residenzen	Ferien- wohnungen	Privatzimmer	Urlaub auf dem Bauernhof	nicht klassifiziert
14	20	13	4	8	26	11	22	1
14	24	5	7	16	67	20	28	1
15	24	11	18	10	27	51	108	4
5	3	4	0	1	6	5	18	

Gemeinde	Infos	Highlights
Franzensfeste	Franzensfeste (Fortezza) Eisenbahnknotenpunkt in der tiefen Schlucht des Eisacktals	Festung Franzensfeste Wandergebiet in der Umgebung Günstiger Ausgangspunkt für Fahrten in die Dolomiten, Brixen, Bozen usw. Rafting
Freienfeld	Freienfeld (Campo di Trens) Wallfahrtsort im oberen Eisacktal	Wallfahrtsort Maria Trens Einzigartige Hügel- und Wälderlandschaft Wandergebiet
Gais	Gais (Gais) Stilles Dorf im Tauferer Tal	Zwischen weitläufigen Skigebieten gelegen Wandergebiet Verschiedene Museen in der Umgebung, z. B. Volkskundemuseum Dietenheim
Gargazon	Gargazon (Gargazzone) Zwischen Obstplantagen im Etschtal	Wasserfall mit sieben Stufen Eisloch am Panoramaweg Wander- u. Mountainbikegebiet Obstbau
Glurns	Glurns (Glorenza) Städtchen mit großartigem Flair im oberen Vinschgauer Talkessel	Heimeligkeit Kleinste Stadt Vollständige mittelalterliche Stadtmauern »Sealamorkt« zu Allerseelen (2. 11.) Wander- und Skimöglichkeiten in der Umgebung

Gasthöfe	Hotels	Pensionen	Garnis	Residenzen	Ferienwohnungen	Privatzimmer	Urlaub auf dem Bauernhof	nicht klassifiziert
1	3	0	0	0	0	0	0	
11	3	3	1	1	1	5	7	0
5	16	4	1	3	6	9	10	4
4	0	3	2	1	2	1	3	
1	2	0	1	0	6	3	1	0

Gemeinde	Infos	Highlights
Graun i.V.	Graun (Curon, Venosta) Aufstrebender Fremdenverkehrsort am Reschensee	Wandergebiet Kite-Surfen Eissegeln Skigebiet in der Umgebung »Das versunkene Dorf« bzw. der Kirchturm im Reschenstausee
Gsies	Gsies (Valle di Casies) Intaktes Bergbauerntal	Großartige Einödhöfe Bergbauernkultur Wandergebiet Wunderbare Naturlandschaft
Hafling	Hafling (Avelengo) Auf der Hochfläche über Meran	Hausberg Ifinger Knottenkino Mineralienausstellung Skigebiet Meran 2000 Wandergebiet Haflingerpferde
Innichen	Innichen (San Candido) Erfolgreicher Tourismusort im oberen Pustertal	Am Fuße des Haunold gelegen Sehenswerte Dolomiten Naturpark Sextner Dolomiten Ski- und Wanderparadies
Jenesien	Jenesien (San Genesio) Bergdorf hoch über Bozen	Großartiger Dolomitenblick Einödhöfe Sonniges Hochplateau Erdpyramiden Wandergebiet

Gasthöfe	Hotels	Pensionen	Garnis	Residenzen	Ferien-wohnungen	Privatzimmer	Urlaub auf dem Bauernhof	nicht klassifiziert
11	15	10	19	11	19	18	33	3
4	7	5	1	7	23	8	42	1
4	6	1	1	1	8	4	11	1
4	18	3	6	25	50	9	28	2
7	1	1	5	0	3	3	14	2

Gemeinde	Infos	Highlights
Kaltern an der Weinstraße	Kaltern (Caldaro) Historisches Städtchen am Fuße des Mendelkamms	Schlösser und Burgen Weinbaugebiet Wander- und Mountainbikegebiet Kalterer See
Karneid	Karneid (Cornedo all'Isarco) Am unteren Ende des Eisacktals	Tor zu den Dolomiten Schloß Karneid Wandergebiet
Kastell-bellschars	Kastelbell-Tschars (Castelbello-Ciardes) Zwei Dörfer im goldenen Vinschgau	Wandergebiet Schloß Juval Schloß Kastelbell Waalwege
Kastelruth	Kastelruth (Castelrotto) Reiches Dorf am Fuße der Dolomiten	Schlernnähe Bergbauernkultur Kastelruther Spatzen Oswald-von-Wolkenstein-Ritt Wandergebiet Skigebiet
Kiens	Kiens (Chienes) Erfolgreicher Ort im Pustertal	Ausgangspunkt in die Dolomiten Wandergebiet Skigebiet in der Umgebung
Klausen	Klausen (Chiusa) Liebenswertes Städtchen im Eisacktal	Berühmte Altstadt Kloster Säben Loreto-Schatz »Dürer-Städtchen«

Gasthöfe	Hotels	Pensionen	Garnis	Residenzen	Ferien- wohnungen	Privatzimmer	Urlaub auf dem Bauernhof	nicht klassifiziert
7	12	13	31	8	22	47	109	3
9	1	5	3	1	1	10	8	1
4	3	5	3	2	3	2	11	
19	65	15	32	28	131	48	90	8
6	15	7	3	1	10	5	16	
11	10	1	2	3	3	16	12	2

Gemeinde	Infos	Highlights
Kuens	Kuens (Caines) Bergdorf im unteren Passeiertal	Großartige Mittelgebirgswanderungen Burgen und Schlösser Traktormuseum
Kurtatsch an der Weinstraße	Kurtatsch a.d.W. (Cortaccia s.s.d.V.) Idyllisches Weinbauerndorf im Unterland	Wanderungen Alte Bausubstanz Weinbaugebiet
Kurtinig an der Weinstraße	Kurtinig a.d.W. (Cortina s.s.d.V.) Weinort im Unterland	Weinbaugebiet Radausflüge
Laas	Laas (Lasa) Haufendorf im oberen Vinschgau	Laaser Tal Künstlerdorf Laaser Marmor Obstbaugebiet Wandergebiet
Lajen	Lajen (Laion) Dorf mit großartiger Lage zwischen Eisack und Ausgangsort für Wanderungen	Ried – ein möglicher Geburtsort von Walther von der Vogelweide Wandergebiet Skigebiet in der Umgebung
Lana– Völlan– Vigiljoch	Lana (Lana) Herrschaftliches Dorf im Etschtal	Burgengebiet Wanderungen Südtiroler Obstbaumuseum Golfplatz

Gasthöfe	Hotels	Pensionen	Garnis	Residenzen	Ferien-wohnungen	Privatzimmer	Urlaub auf dem Bauernhof	nicht klassifiziert
5	1	1	2	0	2	0	23	1
5	1	1	2	0	2	0	23	1
0	3	0	0	0	0	0	4	0
4	0	0	0	1	0	7	7	0
10	2	6	7	4	13	11	28	2
5	16	20	24	18	22	20	68	1

Gemeinde	Infos	Highlights
Latsch	Latsch (Laces) Aufstrebendes Dorf im Vinschgau	Ski- und Rodelstrecken Mitten in den Bergen Erdbeeren im Martelltal Wanderungen und Mountainbike
Laurein	Laurein (Lauregno) Idyllisches Bergdorf hinter den Bergen	Wandergebiet Almflächen Unberührte Landschaft drumherum
Leifers	Leifers (Laives) Dorf mit Stadt- charakter im Unter- land	Wanderwege Radwege Nähe zu Bozen Ideal für Busreisende
Lüsen	Lüsen (Luson) Seitental des Eisacktals bei Brixen	Bergbauernkultur In der Nähe Skigebiete Dolomitenalmen Naturbadeteich
Mals	Mals (Malles Venosta) Aufregendes »Städtchen« im Vinschgau	Historische Bauten Alter Dorfkern Unberührte Natur Wandermöglichkeiten Skigebiete in der Umgebung
Margreid an der Weinstraße	Margreid a.d.W. (Magrè s.S.d.V.) Weindorf im Unterland	Ausgangspunkt für Mittelgebirgswanderungen Weinbaugebiet Heimat der Urrebe aus dem Jahre 1601

Gasthöfe	Hotels	Pensionen	Garnis	Residenzen	Ferien-wohnungen	Privatzimmer	Urlaub auf dem Bauernhof	nicht klassifiziert
0	14	15	6	10	15	15	18	0
0	0	0	0	0	0	0	2	1
7	7	1	3	1	1	7	7	2
2	3	12	2	0	4	2	7	1
12	9	5	21	4	13	8	27	1
1	0	2	0	1	1	0	1	1

Gemeinde	Infos	Highlights
Marling	Marling (Marlengo) Erfolgreiches Tourismusdorf nahe Meran	Wein- und Obstbau Waalwege Wandergebiet Golfplatz in der Nähe
Martell	Martell (Martello)	Tiefeingeschnittenes Urgesteinstal Beerenanbau Einödhöfe Wildbäche Skitouren und Eisklettern Rodeln Zentrum des Naturparks Stilfserjoch
Meran	Meran (Merano) Stadt mit großem Namen und ebensoviel Potential	Historische Tourismusstadt Schloß Trauttmansdorff mit einmaligen Gärten Tappeiner Weg und Sissipromenade Touriseum Meraner Musikwochen Meraner Pferderennen
Mölten	Mölten (Meltina) Bergdorf auf der Hochfläche zwischen Bozen und Meran	Großartige Ausblicke Einödhöfe Höchstgelegene Sektkellerei Europas Wandergebiet

Gasthöfe	Hotels	Pensionen	Garnis	Residenzen	Ferien- wohnungen	Privatzimmer	Urlaub auf dem Bauernhof	nicht klassifiziert
6	13	6	14	5	9	6	30	0
9	5	0	1	1	4	2	6	1
9	46	27	28	21	10	36	19	1
5	0	3	2	0	5	7	12	1

Gemeinde	Infos	Highlights
Montan	Montan (Montagna) Alter Umschlagplatz im Unterland	Obst- und Weinbau Ruine Castelfeder Wandergebiet
Moos in Passeier	Moos (Moso in Passiria) Bergdorf im hinteren Passeiertal	Einödhöfe Skigebiet in der Umgebung Wander- und Mountainbikegebiet Wasserfälle Gletschermühlen
Mühlbach	Mühlbach (Rio di Pusteria) Historischer Ort am Beginn des Pustertals	Alte Festung Wandergebiet Skigebiet in der Umgebung
Mühlwald	Mühlwald (Selva dei Molini) Seitental im Tauferer Tal	Skigebiete in der Nähe Alpine Landschaften Krippenmuseum Bergbaumuseum Volkskundemuseum
Nals	Nals (Nalles) Mitten im fruchtbaren Etschtal	Obst- und Weingärten Wander- und Fahrradgebiet
Naturns	Naturns (Naturno) Verkehrsberuhigtes Dorf mit großem Erholungswert	Schloß Juval / Museum Aufstiegsanlage Sonnenberg St.-Prokulus-Kirchlein Wandergebiet Skigebiete in der Umgebung

Gasthöfe	Hotels	Pensionen	Garnis	Residenzen	Ferien- wohnungen	Privatzimmer	Urlaub auf dem Bauernhof	nicht klassifiziert
5	2	6	4	2	3	3	13	0
12	4	3	2	5	3	9	11	1
7	34	43	3	8	8	12	20	2
3	4	6	2	2	2	7	11	0
1	3	7	9	3	5	1	16	0
6	15	9	19	15	27	13	24	6

Gemeinde	Infos	Highlights
Natz-Schabs	Natz-Schabs (Naz-Sciaves) Hochfläche zwischen Brixen und dem Pustertal	Idealer Erholungsraum Apfelanbaugebiet Wandermöglichkeiten
Neumarkt an der Etsch	Neumarkt (Egna) Reicher Marktflecken im Unterland	Obst- und Weinbau Historischer Ortskern mit Laubengängen Museum für Alltagskultur Wandergebiet in der Umgebung
Niederdorf	Niederdorf (Villa Bassa) Berühmter Fremdenverkehrsort im oberen Pustertal	Großes Freizeitangebot (Winter und Sommer) Kurpark
Olang	Olang (Valdaora) Moderner Fremdenverkehrsort im Pustertal Am Fuße vom Kronplatz	Alpine Bergkultur Einödhöfe Skigebiet
Partschins	Partschins (Parcines) Streudorf am Fuße der Texelgruppe	Idealer Ausgangsort für Wanderungen Schreibmaschinenmuseum Heimatdorf des Schreibmaschinenerfinders Peter Mitterhofer Partschinser Wasserfall

Gasthöfe	Hotels	Pensionen	Garnis	Residenzen	Ferien-wohnungen	Privatzimmer	Urlaub auf dem Bauernhof	nicht klassifiziert
6	17	25	3	7	6	6	19	1
6	3	3	1	2	5	5		0
1	6	6	1	5	14	1	8	0
5	23	4	3	28	57	19	32	0
3	13	8	35	16	22	28	13	0

Gemeinde	Infos	Highlights
Percha	Percha (Perca) Ort bei Bruneck im Pustertal	Wander- und Skigebiet in der Umgebung
Pfalzen	Pfalzen (Falzes) Terrassenartige Anhöhe im Pustertal	Idealer Erholungsraum Erdpyramiden Wandergebiet
Pfatten	Pfatten (Vadena) Zwischen Obstgärten im Unterland	Ruine Leuchtenburg Weingebiet Wander- und Radgebiet
Pfitsch	Pfitsch (Val di Vizze) Seitental des Eisacktals bei Sterzing	Ausgangspunkt für Bergtouren in den Zillertalern Langlaufgebiet Wandergebiet Mountainbikegebiet
Plaus	Plaus (Plaus) Straßendorf im unteren Vinschgau	Idealer Ausgangspunkt für Bergwanderungen Obstanbau Skigebiet in der Umgebung
Prad am Stilfserjoch	Prad am Stilfserjoch (Prato allo Stelvio) Taldorf zum Stilfserjoch	Alte Bausubstanz Naturparkhaus Acquaprad Skigebiet in der Umgebung Wandergebiet
Prags	Prags (Braies) Großartiges Seitental des Pustertales	Dolomitental Heilquellen Bad Altprags Naturpark Fanes Sennes Prags Pragser Wildsee

Gasthöfe	Hotels	Pensionen	Garnis	Residenzen	Ferien-wohnungen	Privatzimmer	Urlaub auf dem Bauernhof	nicht klassifiziert
3	2	1	0	1	7	4	2	0
3	5	8	2	3	12	10	14	0
1	1	1	3	0	1	0	1	1
9	5	5	0	2	5	7	9	3
0	1	5	3	1	2	1	6	0
5	2	0	3	7	6	12	6	1
6	6	3	0	2	5	7	10	1

Gemeinde	Infos	Highlights
Prettau	Prettau (Predoi) Bergdorf im hintersten Ahrntal	Alpine Landwirtschaft Bergbaumuseum Klimastollen Prettau Skigebiet Wandergebiet
Proveis	Proveis (Proves) Haufendorf hinter den Ultner Bergen	Alte Bausubstanz Wanderparadies Skigebiet in der Umgebung Ausblick auf den Gardasee
Rasen-Antholz	Rasen-Antholz (Rasun-Anterselva) Seitental im Pustertal	Großartige Bergkulisse Ausgangspunkt für Bergtouren Biathlon-Zentrum Langlaufparadies Wander- und Mountainbike-gebiet
Ratschings	Ratschings (Racines) Seitental des Eisacktals bei Sterzing	Gletschergebiet im Talhintergrund Gilfenklamm Wandergebiet Skigebiet Landesmuseum für Jagd und Fischerei
Riffian	Riffian (Rifiano) Dörfchen am Anfang des Passeiertals	Idealer Talort für Wanderungen Wallfahrtsort Nähe zu Meran

Gasthöfe	Hotels	Pensionen	Garnis	Residenzen	Ferien- wohnungen	Privatzimmer	Urlaub auf dem Bauernhof	nicht klassifiziert
2	2	2	0	1	3	2	1	0
1	0	0	0	0	0	1	6	1
9	16	10	3	11	40	13	30	3
9	23	10	2	4	19	8	25	11
3	5	10	5	7	3	4	18	1

Gemeinde	Infos	Highlights
Ritten	Ritten (Renon) Mittelgebirgsrücken über dem Eisacktal, gegenüber die Dolomiten	Alpine Landwirtschaft Erdpyramiden Wandergebiet Trambahn Ausblick auf die Dolomiten Bienenmuseum
Rodeneck	Rodeneck (Rodengo) Dorf am Rand des unteren Pustertals	Einödhöfe, Burg (Weinfresken) Langlaufgebiet Wandergebiet Mountainbikegebiet
Salurn	Salurn (Salorno) Der südlichste Ort Südtirols im Unterland	Ausgangspunkt für Wanderungen Südlichste Gemeinde Südtirols Haderburg Weinbaugebiet
Sand in Taufers	Sand in Taufers (Campo Tures) Erfolgreiches Fremdenverkehrszentrum im Tauferer Tal	Grandiose Burg Wandergebiet Skigebiet in der Umgebung Rafting Wasserfälle
Sarntal	Sarntal (Sarentino) Tal im Herzen Südtirols mit einem besonderen Menschenschlag	Bergbauernkultur Einödhöfe Skigebiet Rodelpisten Wander- und Mountainbikegebiet Bergsee

Gasthöfe	Hotels	Pensionen	Garnis	Residenzen	Ferien-wohnungen	Privatzimmer	Urlaub auf dem Bauernhof	nicht klassifiziert
18	29	6	0	12	15	21	44	7
3	6	8	0	3	2	1	9	3
2	2	1	1	0	0	1	2	
14	19	10	18	15	41	17	37	2
15	10	6	4	4	12	13	26	1

Gemeinde	Infos	Highlights
Schenna	Schenna (Scena) Tourismushochburg bei Meran unterm Ifinger	Aussichtskanzel auf die Texelgruppe Südtirol Classic Wandergebiet
Schlanders	Schlanders (Silandro) Zentrum des Vinschgaus	Handelsort Interessante Bausubstanz Wandergebiet Skigebiete in der Umgebung
Schluderns	Schluderns (Sluderno) Haufendorf im Vinschgau mit Blick auf den Ortler	Heimat der Haflinger Dorfmuseum Churburg Obstbaugebiet Wandergebiet Skigebiete in der Umgebung
Schnals	Schnals (Senales) Ehemaliges Durch-gangstal mit großarti-gen Landschaftsbildern und berühmten Höfen	Einödhöfe Moderner Talschluß Archeoparc Sommerskilaufgebiet
Sexten	Sexten (Sesto) Weltberühmtes Tal am Fuße der Sextner Dolomiten	Charakteristisches Dolomitental Sextner Bergsonnenuhr Drei Zinnen Langlauf- und Skigebiet Wander- und Mountainbikegebiet Golfplatz

Gasthöfe	Hotels	Pensionen	Garnis	Residenzen	Ferien-wohnungen	Privatzimmer	Urlaub auf dem Bauernhof	nicht klassifiziert
20	38	33	47	17	27	18	19	1
4	12	8	5	4	1	8	13	0
2	4	1	2	1	3	3	4	0
13	10	4	2	4	5	8	20	0
6	25	3	25	20	43	38	28	1

Gemeinde	Infos	Highlights
St. Christina in Gröden	St. Christina in Gröden (S. Christina Valgardena, S. Crestina-Gherdëina) Im Herzen des Grödentals unterm Langkofel	Einmalige Bergkulisse Großartige Almen Ski-Weltcup Ski- und Wandergebiet Holzschnitzereien Sellaronda
St. Leonhard in Passeier	St. Leonhard in Passeier (S. Leonardo in Passiria) Knotenpunkt hinten im Passeiertal	Dorf im Talgrund Golfplatz Skigebiet in der Umgebung Wandergebiet Geburtsstätte Andreas Hofer (Freiheitskämpfer)
St. Lorenzen	St. Lorenzen (S. Lorenzo di Sebato) Im Winkel zwischen Sander und Rienz	Sonnenburg Skigebiet in nächster Nähe Archäologischer Lehrpfad Wallfahrtskirche Maria Saalen mit der Schwarzen Muttergottes
St. Martin in Passeier	St. Martin in Passeier (S. Martino in Passiria) Zwischen Berg und Tal an der Passer	Einödhöfe Alpine Landwirtschaft Golfplatz Wandergebiet Skigebiet in der Umgebung

Gasthöfe	Hotels	Pensionen	Garnis	Residenzen	Ferien- wohnungen	Privatzimmer	Urlaub auf dem Bauernhof	nicht klassifiziert
3	14	8	26	11	96	19	3	0
7	16	8	2	7	7	13	19	4
6	12	8	2	3	14	13	38	2
6	12	8	2	3	14	13	38	2

Gemeinde	Infos	Highlights
St. Martin in Thurn	St. Martin in Thurn (S. Martino in Badia, San Martin de Tor) Tourismus- und Bergbauerndorf im Sandertal	Bergbauernkultur Wandergebiet Museum Ladin Ski- und Wandergebiet
St. Pankraz	St. Pankraz (S. Pancrazio) Gemeinde am Beginn des Ultentals	Alpine Landwirtschaft Ruine Schloß Eschenlohe Wandergebiet Skigebiet Häusl am Stein
St. Ulrich in Gröden	St. Ulrich in Gröden (Ortisei, Urtijëi) Berühmter, dichtbesiedelter Raum im Grödental	Zwischen Raschötz, Sella und Seiser Alm Ski-Weltcup Ski- und Wandergebiet Holzschnitzereien Sellaronda
Sterzing	Sterzing (Vipiteno) Charakteristisches Städtchen im oberen Eisacktal	Burgen in der Nähe Elvis-Presley-Museum Zwölfer Turm Gilfenklamm Ski- und Wandergebiet
Stilfs	Stilfs (Stelvio) Haufendorf über dem Trafoier Tal	Dazu Trafoi und Sulden am Ortler Ski- und Wandergebiet Sommerskilauf Eismuseum

Gasthöfe	Hotels	Pensionen	Garnis	Residenzen	Ferien-wohnungen	Privatzimmer	Urlaub auf dem Bauernhof	nicht klassifiziert
6	6	4	1	0	9	6	36	2
2	1	0	1	0	5	5	9	0
4	18	7	22	24	215	25	4	0
10	12	4	6	0	5	10	4	2
7	32	10	8	10	21	10	2	2

Gemeinde	Infos	Highlights
Taufers im Münstertal	Taufers im Münstertal (Tubre) Die Brücke zur Schweiz im Vinschgau	Einzigartige Bausubstanz Alpine Landwirtschaft Schloß Rotund Schloß Reichenberg Wandergebiet
Terenten	Terenten (Terento) Erholungsgebiet auf einer großartigen Aussichtsterrasse	Großartige Ausblicke Skigebiete in der Nähe Mühlenlehrpfad Wandergebiet
Terlan	Terlan (Terlano) Historischer Ort im Etschtal	Ausgangsort für Wanderungen Wein- und Obstbaugebiet Burgruine Neuhaus / Maultasch Spargelanbaugebiet
Tiers	Tiers (Tires) Dolomitental unterm Rosengarten	Almen Einödhöfe Wanderparadies Skigebiet in der Umgebung
Tirol	Tirol (Tirolo) Der erfolgreiche Tourismus-Satellit von Meran	Mitten in den Weingärten Am Fuße der Muthöfe Schloß Tirol Vogelpflegezentrum
Tisens	Tisens (Tesimo) Terrasse überm Etschtal	Obst- und Weinbau Burgen und Ansitze Wanderparadies

Gasthöfe	Hotels	Pensionen	Garnis	Residenzen	Ferien-wohnungen	Privatzimmer	Urlaub auf dem Bauernhof	nicht klassifiziert
2	1	0	2	0	2	4	0	
2	7	15	2	4	6	4	14	0
2	6	4	6	1	7	8	21	2
7	5	4	3	2	11	8	8	1
4	49	21	49	20	21	33	20	0
6	3	6	9	7	3	11	24	0

Gemeinde	Infos	Highlights
Toblach	Toblach (Dobbiaco) Tourismuszentrum unterm Haunold	Kulturelles Zentrum Tor zu den Dolomiten Ballonfestival Skigebiet Gustav-Mahler-Musikwochen
Tramin an der Weinstraße	Tramin a. d. W. (Termeno s.S.d.V.) Charakteristisches Dorf im Unterland	Alter Dorfkern Ausgangspunkt für Wanderungen Weinbaugebiet Heimat des Gewürztraminers
Truden	Truden (Trodena) Am Rande des Unterlandes	Naturpark Trudener Horn Wandergebiet Skigebiet in der Umgebung Langlauf
Tscherms	Tscherms (Cermes) Im Etschtal zwischen Obst- und Weingärten	Ausgangspunkt für Wanderungen Obst- und Weinbaugebiet
Ulten	Ulten (Ultimo) Mitten im Bergbauerntal über Lana	Einmalige Höfe und Almen Alpine Landwirtschaft Urlärchen Ski- und Wandergebiet

Gasthöfe	Hotels	Pensionen	Garnis	Residenzen	Ferien-wohnungen	Privatzimmer	Urlaub auf dem Bauernhof	nicht klassifiziert
5	29	1	14	11	30	33	40	0
5	5	4	13	6	10	10	50	0
8	3	1	1	1	2	0	6	
1	5	7	4	2	6	6	12	1
7	10	5	3	4	15	8	13	3

Gemeinde	Infos	Highlights
Unsere liebe Frau im Walde	Unsere liebe Frau im Walde (Senale–San Felice) Gemeinde zwischen Südtirol und dem Trentino am Gampenpaß	Langlaufgebiet Weite Waldflächen Wandergebiet Wallfahrtsort
Vahrn	Vahrn (Varna) Berühmtes Weindorf bei Brixen	Ausgangspunkt für Wanderungen Varner See Kloster Neustift
Villanders	Villanders (Villandro) Aussichtskanzel am Sonnenhang des Eisacktals	Ausgrabungen Törggelen Wandergebiet Langlauf- und Wandergebiet Villanderer Alm
Villnöss	Villnöss (Funes) Intaktes, einmaliges Dolomitental	Einödhöfe Alpine Landwirtschaft Naturpark Puez Geisler Törggelen Skipiste Wandergebiet Rodelbahnen
Vintl	Vintl (Vandoies) Im Talboden des unteren Pustertals	Loden-Erlebniswelt Skigebiet in der Umgebung Wandergebiet

Gasthöfe	Hotels	Pensionen	Garnis	Residenzen	Ferien-wohnungen	Privatzimmer	Urlaub auf dem Bauernhof	nicht klassifiziert
5	0	0	0	0	0	0	3	0
6	6	4	1	1	5	8	11	0
5	8	4	1	1	4	1	25	2
9	6	7	3	2	16	12	41	2
7	1	6	0	2	14	4	16	1

Gemeinde	Infos	Highlights
Völs am Schlern	Völs am Schlern (Fié allo Sciliar) Auf der Terrasse überm Eisacktal	Ski- und Wandergebiet Ruine Hauenstein Schloß Prösels Seiser Alm
Vöran	Vöran (Verano) Auf dem Bergrücken zwischen Meran und Bozen	Alpine Landwirtschaft Wandergebiet Skigebiet in der Umgebung
Waidbruck	Waidbruck (Ponte Gardena) Tief in der Eisackschlucht	Nahes Skigebiet Wandergebiet Trostburg
Welsberg	Welsberg (Monguelfo) Tourismusort im oberen Pustertal	Alpine Landwirtschaft Wandergebiet Langlaufgebiet Skigebiet in der Umgebung
Welschnofen	Welschnofen (Nova Levante) Tal im Lafmai- und Rosengartengebiet	Bergbauerntal Rosengartentouren Wander- und Skigebiet
Wengen	Wengen (La Valle, La Val) Kleiner Ort im Gadertal	Großartige Dolomitenlandschaft Ski- und Wandergebiet

Gasthöfe	Hotels	Pensionen	Garnis	Residenzen	Ferienwohnungen	Privatzimmer	Urlaub auf dem Bauernhof	nicht klassifiziert
8	10	6	4	11	22	11	34	2
3	1	1	0	1	6	2	7	1
1	0	0	0	0	0	0	0	0
5	9	4	3	1	15	6	29	0
10	12	3	4	5	16	33	10	
4	2	3	3	1	24	5	19	2

Gemeinde	Infos	Highlights
Wolkenstein	Wolkenstein (Sëlva, Selva di Valgardena) Stadtartiger Tourismusort zwischen Dolomitenfelsen	Zwischen Sella, Puez und Langkofel Ski- und Wandergebiet Sellaronda Holzschnitzereien

Gasthöfe	Hotels	Pensionen	Garnis	Residenzen	Ferien-wohnungen	Privatzimmer	Urlaub auf dem Bauernhof	nicht klassifiziert
10	58	12	66	33	133	40	12	0

MMM
Das Gesamtkonzept

Ort / Name	Dazu	Öffnungszeiten
Firmian »Der verzauberte Berg«	»Tanzplatz der Götter«	ab Juni 2006 / 10 Monate i.J. (Jan. u. Feb. geschl.) Montag Ruhetag
Juval »Mythos Berg«	Bauernladen im Tal »Schloßwirt« mit Bergtierpark »Oberortl« »Weinhof Unterortl« (Direktverkauf)	vom Palmsonntag bis zum 1. Juli; vom 1. September bis Mitte November Mittwoch Ruhetag
Ortles »Im End der Welt«	**Curiosa** Buschenschank »Yak & Yeti« Bauernhof mit Yaks und Lamas	von Mitte Dezember bis Anfang Mai; von Anfang Juni bis Mitte Oktober 14 h – 18 h Dienstag Ruhetag
Dolomites »Museum in den Wolken«	Landwirtschaft mit Yaks	von Anfang Juni bis zum 1. Schnee im Oktober kein Ruhetag
Bergvölker »Das Erbe der Berge«	Bergtierpark	von 2008 an Winter + Sommer kein Ruhetag

Verzeichnis der verwendeten Zitate

Hans Berger
zitiert in der Rubrik O-Ton in: Südtiroler Illustrierte,
10. November 2005.

Hubert Frasnelli
Die Herrschaft der Fürsten. Macht, Zivilcourage und
Demokratie in Südtirol. Hubertus Czernin (Hrsg.).
Wieser Verlag, S. 274.

Claus Gatterer
Schöne Welt, Böse Leut. Kindheit in Südtirol. Euro-
paverlag Wien, S. 418 / 419.

Anton Gruber
Zitiert in: ff. Südtiroler Wochenmagazin, 5. Januar
2006.

Helmut Lamprecht
Die Hörner beim Stier gepackt. Aphorismen, Epigramme, Gedichte. Verlag Werner Gebühr, Stuttgart 1975.

Alexander Langer
– Die Mehrheit der Minderheiten. Warum wird unsere Welt von ethnischem Sauberkeitswahn und vom grundlosen Vertrauen in Mehrheiten beherrscht? Verlag Klaus Wagenbach, Berlin.
– Aufsätze zu Südtirol 1978 – 1995, Scritti sul Sudtirolo 1978 – 1995; herausgegeben von / a cura di Siegfried Baur, Riccardo Dello Sbarba. Alpha & Beta.

Hermann Mantinger
In: Wirtschaftskurier Bozen, 19. Januar 2000, S. 5.

Hubert Mumelter
Zwischen den Zeiten. Erzählungen aus Südtirol. Verlagsanstalt Athesia, Bozen 1972, S. 7.

Heiner Oberrauch
In: Dolomiten, 29. Dezember 2005, S. 5.

Günther Pallaver
»Kopfgeburt Europaregion Tirol. Genesis und Entwicklung eines politischen Projekts«, in: Geschichte und Region / Storia e regione, 9. Jahrgang, 2000 – anno IX, 2000, Wien / Bozen, S. 245 ff., S. 258.

Luis Trenker
  in: Südtirol erzählt. Luftjuwelen – Steingeröll. Doro-
  thea Merl und Anita Gräfin von Lippe (Hrsg.). Horst
  Erdmann Verlag, S. 214.

Franz Tumler
  Das Land Südtirol. Menschen, Landschaft, Geschichte. Piper, München 1984, S. 32.

Joseph Zoderer
  – »A propos Heimat«, in: Johann Holzner (Hrsg.).
  Literatur in Südtirol, S. 15.
  – »Monika«, in: Merian Südtirol, 9·XL/C 4701 E.
  S. 63–66.

Bereits erschienen:
Gebrauchsanweisung für...

01/0002/02/L

01/0002/02/R

PIPER

Reinhold Messner

Mein Leben am Limit

Eine Autobiographie in Gesprächen mit Thomas Hüetlin.
288 Seiten mit 6 Abbildungen. Serie Piper

Schon immer ist Reinhold Messner weiter gegangen als alle
anderen. Früh ließ er das Tal seiner Südtiroler Kindheit
hinter sich, bestieg alle vierzehn Achttausender und durch-
querte zu Fuß die größten Sand- und Eiswüsten der Erde.
Was aber beflügelt diesen Erfolgsmenschen? Und woher
schöpft er Kraft und Phantasie, sich immer wieder neu zu
erfinden? Kritisch und offen stellt der Spiegel-Reporter Thomas Hüetlin ihm die entscheidenden Fragen zu einem »Leben am Limit«.

»Vielleicht eines der interessantesten Messner-Bücher überhaupt.«
Neue Zürcher Zeitung

01/1548/01/R

PIPER

Henning Klüver
Gebrauchsanweisung für Italien

191 Seiten. Gebunden

Alle lieben Italien – das Land, wo die Zitronen blühen, wo
die Frauen schön sind und der Espresso aromatisch. Glaubt
man. Aber was blüht jenseits des Brenners wirklich? Was
essen die Italiener, wenn die Mamma keine Lust auf Pizza
und Pasta hat? Und warum tragen fast alle unsere Schuhe
das Gütesiegel Made in Italy?
Henning Klüver weiß es. Mit leichter Hand widmet er sich
den ureigensten Domänen der Italiener: der Familie und der
Mafia, der Mode und der Piazza, der Kirche und dem guten
Essen. Er kennt den Unterschied zwischen Osteria und
Ristorante, er weiß, warum die italienische Innenpolitik
einer Daily Soap in nichts nachsteht und wieso schon lange
kein Italiener mehr ohne Handy auskommt.

01/1065/01/L

PIPER

Adrian Seidelbast
Gebrauchsanweisung für Salzburg und das Salzburger Land

176 Seiten. Gebunden

Immer hübsch fernhalten von den Hauptstraßen und Trampelpfaden! Diese Devise gilt für das Salzburger Land genauso wie für die Hauptstadt, wo Besuchergewimmel und Einsamkeit, Weltberühmtes und neu zu Entdeckendes ganz nah beieinanderliegen: der unvermeidliche Mozart und der große, aber unpopuläre Barockkomponist Georg Muffat; der als Touri-Magnet beliebte Jedermann vor dem Salzburger Dom und der unbekannte Mundart-Jedermann unter der tausendjährigen Dorflinde von Faistenau; der zigmal verfilmte und besungene Wolfgangsee und der wunderschöne, aber fast noch geheime Seewaldsee; die Salzburger Nockerln im »Goldenen Hirschen«, geschmorte Kalbsbäckchen im »Porsche-Schloß« und Kaspreßknödel in der Almwirtschaft »Schirlastuben«; das städtische Lustschloß Hellbrunn und die abgelegene Gnadenkapelle Maria Elend überm Rauristal; die vielbesuchten Tauern mit ihren Wintersport-Superlativen, das einsame Tennengebirge und das idyllische Salzkammergut mit Altaussee und Brandauer, Attersee und Weißem Rößl.

01/1549/01/R

PIPER

Thomas Küng
Gebrauchsanweisung für die Schweiz

Unter Mitarbeit von Peter Schneider. 206 Seiten mit
zehn Zeichnungen von Peter Gut. Gebunden

Jeder kennt die Schweiz, aber jeder weiß auch, daß sie ganz
anders ist. Mit liebevoll grausamer Freude am Detail, aber
nie die Grenzen der Fairneß überschreitend, wird hier dargestellt, wie das viersprachige Alpengärtlein zwischen Bank-
verein und Toblerone funktioniert.

»Allein die akribischen Beschreibungen des helvetischen
Alltags sind, weil zum Lachen in ihrer Detailbesessenheit,
die Lektüre wert. Ein ideales Geschenk für alle, die schon
immer mehr wissen wollten über das herzige Alpenland
Schweiz und seine Bewohner.«
Annabelle

01/1167/01/L

Birgit Schönau
Gebrauchsanweisung für Rom

192 Seiten. Gebunden

Die ewige Stadt. Die heilige Stadt. Rom ist die Stadt aller
Städte. Mit ihren barocken Palästen, ihren unermeßlichen
Kunstschätzen und zahllosen Monumenten ist sie das Ge-
dächtnis unserer abendländischen Kultur. Aber wie ewig
ist die Stadt wirklich? Und sind tatsächlich alle Römer
fromm? Birgit Schönau flaniert durch die größte Altstadt
der Welt und schaut sich den Alltag an zwischen Marmor und
Geld, dem haarsträubenden Verkehr, der Mode und der
herzhaften römischen Küche. Denn eines ist ganz sicher: Auch
vor Ostern fastet hier nur einer, und das ist der Heilige
Vater.

01/1451/01/R